문학/사상

생동하는 글쓰기

11

2025

산지니

문학/사상 11
생동하는 글쓰기

초판 1쇄 발행 2025년 5월 30일

발행인 강수걸
편집인 구모룡
편집고문 조갑상
편집위원 강도희 김대성 김만석 정영선
편집장 이소영
펴낸곳 산지니
등록 2005년 2월 7일 제333-3370000251002005000001호
주소 부산시 해운대구 수영강변대로 140 BCC 626호
전화 051-504-7070 | 팩스 051-507-7543
홈페이지 www.sanzinibook.com
전자우편 sanzini@sanzinibook.com
블로그 http://sanzinibook.tistory.com

ISBN 979-11-6861-462-8 03800
ISSN 2765-7167

* 책값은 뒤표지에 있습니다.
* 파본은 구입처에서 교환해드립니다.
* 본지는 2025년 부산광역시, 부산문화재단 〈부산문화예술지원사업〉으로 지원을 받았습니다.

차례

6 『문학/사상』 11호를 내며

Σ 시

11 나무의 귀
13 누옥漏屋에 세 들어 살다
강미정 시인

16 너무 유명한 맛집
20 노 키즈존
김재근 시인

22 흙의 문제
24 균형
이정화 시인

27 인간과 꽃
29 마르셀, 이 공백은 네 것이란다
조말선 시인

31 스트로보스코프가 멈췄다
35 귀촉도
한영원 시인

II 비판-비평

39 글은 숲의 꿈을 꾸는가
: 글의 전생(前生/轉生) 또는 파이토그라피의 대안 우주
권두현

65 일하는 사람이 일구는 글쓰기
김대성 문학평론가

♪ 소설

89 저 멀리
강이나 소설가

113 밤의 달리기
서정아 소설가

X 현장-비평

139 압도적인 듣기의 시간, 회복하는 읽기의 삶
강도희 문학평론가

∞ 쟁점-서평

167 도시는 소멸하지 않는다
『마산』, 김기창
구모룡 문학평론가

177 동시대 기술 미디어장의 문화정치와 비판·실천의 역능
『젠더스피어의 정동지리』, 동아대학교 젠더·어펙트연구소
박상은

190 레임덕 파행 절름발이 — 말이 아직 말이 아닌 굴레
『푸른배달말집』, 한실과 푸른누리
최종규

『문학/사상』 11호를 내며

　이번 호를 준비하는 동안 대한민국이 또 한 번 크게 출렁였다.
　20세기 초부터 오늘까지 여러 차례 위기가 있었지만 주권자인 국민의 손으로 뽑은 대통령이 내란을 일으켜 국민을 고통에 몰아넣은 경우다. 박정희대통령의 전례가 없지 않지만 대통령의 부당한 국가긴급권 사용을 시민들의 저항과 군경의 소극적인 임무 수행으로 막은 데다, 헌법재판소의 파면 선고까지 긴 시간 동안 국민을 반으로 나누어 고통으로 몰아넣었다는 점에서 초유의 사태다 할 것이다.
　무도하고 우둔한 지도자가 도발했지만 그 근원에 우리 현대사의 실체가 자리하고 있다. 학계에서는 지금 우리가 통과하고 있는 현대 한국의 원형이 1945년 해방 직후사라고 말하기도 한다. 해방 직후는 일제청산, 신탁통치, 새 국가건설, 지도자에 대한 지지, 외세문제까지 의견이 분분한 시간이었다.

그때 발표된 문학작품 중에서 채만식의 소설 「역로」 (1946년)가 있다. 작가는 서울에서 대전까지 가는 열차 안에 모인 사람들을 통해 당대 현실의 축도를 보여주는데 종교문제만 빼고 좌우 대립부터 오늘이 그때의 모습과 별반 다를 바 없다. 80여 년 전 민족이 가야 할 길을 묻는 작품을 되읽으며 역사가 제자리에 머물고 있다는 생각까지 들어 답답했다. 윤석열 집권초기부터 그랬지만, 계엄 이후, 최고통치자와 정치세력, 진영화된 언론과 여론에 이끌려 과거 권위주의 시대로 돌아갈 수도 있는 우리 사회의 약한 고리를 발견한 시간이기도 했다.

이번 내란을 두고 여러 논의나 견해가 있었고 앞으로도 계속되겠지만 종교의 정치화와 그 과격성은 꼭 짚어야 한다는 생각이다. 교회와 권력의 친밀한 관계는 초대 대통령 이승만 때부터 시작되어 오늘날에는 한국을 움직이는 파워엘리트의 상당수를 개신교 신자가 차지하기에 이르렀다. 문제는 개신교의 권력화 매커니즘이 보수주의와 불가분 연계되어 있으며, 아울러 개신교 권력의 장치는 대형교회와 불가분의 관계에 있다는 점이다.(김진호, 『권력과 교회』) 이번 탄핵국면에서 교회가 중심이 된 극우 집회에 전통 보수 거대 정당이 참여함으로 종교와 정치관계가 임계점을 넘었다는 우려를 낳고 있다.

그동안 온갖 말들이 넘쳐났다.
긍정보다는 부정, 그것도 억측과 궤변, 선동, 궁색하고 거친 말들이었다. 탄핵이 인용되면서 일상이란 말의 소중함을 다시 알았다. 4월 4일, 숨을 죽이며 보고 들었던 헌재의 판결문 선고요지에 쓰인 단어들을 우리가 일상에서 흔히 쓰고 있다는 사실이 새삼스러웠다. 보겠습니다, 볼 수 없습니다. 이익과 손실은 우리가 흔히 쓰는 말인데 어느 자리에 놓여 어떻게 쓰이느냐에 따라 세상을 바꾸기도 하는 것이다. "피청구인을 파면함으로써 얻는 헌법 수호의 이익이 대통령 파면에 따르는 국가적 손실을 압도할 정도로 크다고 인정됩니다." 불면을 재우고 혼란에서 빠져나와 일상과 상식으로 돌아가게 하는 말이 우리가 흔히 쓰는 말로 이루어지다니 그 또한 감동이었다.
헌재의 탄핵 결정문을 두고 논술의 전범이라는 평부터 명문이라고까지 칭찬한다. 법률용어를 최대한 줄여 법지식이 없는 일반인도 쉽게 이해하게 했다는 것이다. 좋은 일이지만 그래도 더 좋기는 생각이 서로 다른 사람들이 모여 살고 진보 보수가 서로 다투는 일이 당연하다는 걸 인정하고 국회를 비롯한 제도가 정상적으로 작동하는 것이다.

    피청구인 윤석열을 파면한 헌법재판소를 찾으면 천연기념물 백송을 볼 수 있고 예쁜 헌법전까지 기념품으로 받을 수 있다고 한다. 우리 헌법 조항은 130개로 그 내용도 이해하기 어렵지 않다. 제2장 제10조는 "모든 국민은 인간으로서의 존엄과 가치를 가지며, 행복을 추구할 권리를 가진다. 국가는 개인이 가지는 불가침의 기본적 인권을 확인하고 이를 보장할 의무를 진다."이다. 헌법은 지극히 당연한 이치와 기본을 약속하는 것이기에 추상적이기도 한데 오히려 그래서 천금같이 무겁고 값지다.

    한국현대문학 100년의 쾌거인 노벨문학상 수상의 즐거움을 연장시키지 못해 아쉽지만 그게 한국문학의 조건이라면 달게 받아들여야 할 것이다.
    내란의 잔불은 남았지만 주 불을 끈 시점에서 11호를 내게 되어 다행으로 생각하며 이번 호의 글들이 독자들에게 더 가까이 다가갔으면 한다.

2025년 봄
편집고문 조갑상

Σ 시

나무의 귀

강미정

바람을 모았다가 풀어놓는 나무에서 물소리 난다
지난 가을 나무는 물소리 같은 나뭇잎을 떨구었다
날개에 바람을 모아 새는 하늘을 날고
접혀 있던 산책로는 내 발길에서 다시 펼쳐진다
낙엽 쌓인 젖은 산길을 멧돼지가 쟁기질해 놓았다

바닥에 뒹구는 나뭇잎은 나무의 귀다
땅의 소리를 몸속에 담으려고
나무는 물소리 같은 잎을 떨구고 땅에 귀를 댔다
나무 한 그루가 일어서면 나무 그림자 한 그루가 일어선다
나뭇잎 하나가 일어나면 스물의 나뭇잎이
출렁이는 물소리를 내며 일어선다

말없이 혼자인 겨울 나무는 목마르지 않고
혼자 산을 올라 스스로 혼자가 된
나도 말 없어서 목마르지 않다
겨울나무는 귀를 댄 땅속의 소리를 들었을까
물소리를 내던 가지에 엷은 연둣빛이 비친다
아무도 모르게 세상을 쟁기질하는 손이 있다
봄이다

누옥漏屋에 세 들어 살다

강미정

방수 작업한 옥상인데 비만 오면 천장에서 물이 샜다

막아도 막아도 줄줄 새는 생계처럼

올해는 비가 어쩜 이렇게나 많이 오는지, 한 달 넘게 켜진 빗소리

여기서 살 거야, 작은 새 한 마리 날아와 노래했다 한 달 넘게 노래했다

내 귀는 아름다운 새소리 한 곡을 얻었으나 가난한 우리 집엔 나무도 없는데

저 새는 어디에다 둥지를 틀까 괜찮다 괜찮다 궁리를 멈추지 않는 새소리

비가 올 때마다 옥상을 오르내리며 물 빠지는 구멍을 살폈다

콘크리트 속 배수로 파이프가 깨졌나 봐, 지진 왔을 때 금이 갔나 봐,

천장에는 물이 새고 파이프는 천장 콘크리트 속에 있어서 속을 알 수가 없었다

가을이 오자 비가 멎고 새가 떠났다 막힌 배수로를 뚫었다 새 둥지가 밀려 나왔다

세상에나 어떻게 둥지를 옥상 배수로 파이프 속에다가 틀 궁리를 했을까

밖으로 나온 작고 은밀한 슬픔 한 채가 아린 이야기를 하며 질문했다

강미정

경남 김해에서 출생했다.
1994년 월간 『시문학』으로 등단했다. 시집 『검은 잉크로 쓴 분홍』(도서출판북인, 2024년) 등 다섯 권을 출간했다.

너무 유명한 맛집

김재근

　　아내는 맛집 순례자다 아내를 설명하기에 가장 적합한 말이다 아내에게 맛집은 종교보다 더 종교이고 맛집은 성지(聖地)다 인스타나 페북에 올라온 맛집은 무조건 가야 한다 아무리 멀어도(자동차로 두세 시간은 가까운 편, 다섯 시간 걸려 여수까지 간 적도 있었지 시키면 간장게장 먹으려) 오늘도 그런 날이었다 "이번에 정말 좋은 맛집을 찾았어, 같이 가" 나는 맛집 소리만 들어도 경기가 난다 하지만 난 충분히 늙어서 싸울 힘이 남지 않은 초식 동물 "어딘데?" "응 언양이야 가깝지?" "응 가깝네. 두 시간이면 될 거 같아" 순종은 때로 편하다 어린 아내 앞에서는
　　순례가 시작되었다 주말이라 고속도로에 차들이 느리게 흘러갔다 "저 차들도 우리처럼 맛집 찾아가는 거겠지?" "응" 대답해줬다 답이 느리거나 원하는 답이 아니면 순례길은 지

옥길로 변한다 1번 고속도로를 달리고 3번 국도를 달려 도착했다 마침 점심시간이었고 유명한 맛집은 사람들로 북적댔다 그녀는 흥분해 있었지만 가깝고 먼 곳에서 앉거나 서 있거나 서성이는 사람들, 사람을 보는 게 내겐 고역이었지만 나는 거세된 늙은 남자, "좀 더 일찍 나오라니까 니 때문에 늦었잖아" 아내는 벌써 예민해져 있었고 나는 아무 말도 할 수 없었다

대기표를 받았다 "44번" 하필…. 오늘 일진도 별로겠군 40분을 기다리고 우리번호가 호출되었다 "이쪽으로 오세요" 종업원을 따라갔다 아내는 다소 과장되게 몸을 좌우로 흔들며(내 생각) 구석 테이블로 걸어갔다 "여기 떡갈비가 유명하죠?" "네 많이 주문합니다" "3인분 주세요" 주위를 둘러보았다 '다들 열심히 먹는구나' 잠시 뒤 떡갈비가 도착하고 불판에 올려졌다

지금부터 아내 시간이다 조심해야 한다 고기가 다 익었다고 젓가락질하면 집게든 숟가락이든 잡히는 대로 머리통으로 날아온다 맞아본 사람만이 그 느낌 안다 잘 구워진 고기가 예쁜 접시에 플레이팅된다 (접시는 명품이고 집에서 가져왔다) 약간의 파슬리나 방울토마토 같은 걸로 장식한다 제사상에 올리는 홍동백서(紅東白西)보다 더 정성스럽다 이제 사진을 마구마구 찍는다(이때 말을 걸면 다시 수저가 날아온다) 사진은 잘 나올 때까지 찍는다 영업시간 마칠 때까지 찍

은 적도 있다 아무리 배가 고파도 참아야 한다 운 좋게 이번은 몇 번의 시도로 잘 끝났다 "이제 먹자"

 100곳의 유명 맛집 중 한 곳은 훌륭하고 한 곳은 괜찮은 편이다 나머지 98곳은 그저 그렇다 먹을 정도만 되어도 유명하다는 이유로 맛있다고 스스로 만족을 주입한다 대부분 음식은 처음이 나쁘면 갈수록 더 나빠진다 멀리서 찾아왔는데 음식이 형편없으면 화가 난다 사기당한 기분까지 들고 주인부터 종업원까지 나쁜 놈으로 보인다 패주고 싶은 생각도 든다 이곳 떡갈비도 그저 그랬다

 맛집을 나와 차를 고속도로에 올렸다 우리는 아무 말도 없이 앞만 보고 갔다 아내가 말을 꺼냈다 "사람들 말처럼 그리 맛있지는 않네" "응" "그래 별로야" "그래도 김치는 먹을 만하더라" "응" 나는 짧게 답했다 속이 울렁거렸다 어쩌다 여기까지 온 걸까 왜 난 아내에게 끌려 다닐까 직장에서도 아파트 놀이터에서도 만만한 놈은 보이지 않는다 하고 싶은 것도, 되고 싶은 것도 하나 없이 나도 모르는 사이 낙오자가 되어 주변만 배회하다 결국 패배가 목표가 되어 열심히 살아가는 인간, 홍수에 떠내려가는 가전제품처럼 결국 버려질 걸 알지만 운 좋게 강가에 도착하려고 발버둥 치고 있는 것 아닐까, 어쩌다가 이 지구에 불시착한 걸까

 빗방울이 떨어졌다 점점 쏟아졌다 점점점 더 쏟아졌다 앞이 이제 보이지 않았다 내게 남은 앞날 같았다 앞이 보이

지 않아 앞으로 가야 하는 거라면 앞이 보이면 뒤로 갈 수 있을 텐데 아주 오랜으로... 백미러에 실패자를 따라 자동차들이 줄지어 줄 맞춰 따라온다 계속 비가 왔고 비를 피해 빗길을 달렸다 무사하기만 하면 좋겠다는 생각만으로

노 키즈존

김재근

아이와 동네 카페에 갔다 "손님, 죄송하지만 개는 출입할 수 없습니다" "개가 어딨어요 내 아이란 말이에요 얼마나 착하고 말을 잘 듣는데" 나는 화가 났고 매니저를 불렀다 주방에 있다가 허겁지겁 달려온 그 녀석은 콧수염을 기르고 코가 납작한 남자인데 그 남자야말로 개를 닮았다 "얘는 내가 낳지는 않았지만 아주 어릴 때부터 키운 애예요 어제도 하루 종일 나만 기다리다 잠들었어요. 내가 아이 잠드는 것까지 말할 이유는 없지만 그래도 매니저님은 알아야 할 것 같아요" 아이도 기분이 나빴는지 그 녀석을 노려보았다 눈앞에 있는 그를 곧 물 것 같았다. 아이를 진정시키며 매니저에게 물었다. 간절하게, "얘가 정말 개로 보이나요? 다시 잘 보세요" 매니저는 얼굴이 붉어지며 무슨 말을 하려고 했다. 이럴 때 상대에게 말할 기회를 주면 대부분 지고 만다 나는 이런 대화법에 관해 잘 안다 "얘는 주사도 잘 맞고 꼬리도 잘 흔들어요 시끄럽지도 않아요, 나랑 잠도 같이 잔단 말이에요. 매니저님 믿음으로 보세요. 아이보다 더 아이로 보일 테니까" 매니저는 꼬리는 흔들지 않았지만 납작한 코를 킁킁거리더니 "죄송해요 제가 믿음을 잃었나 봐요 이제 보니 아주 귀여운 아이로 보여요, 좋은 시간 되세요" 그는 우리를 테이블로 안내했다 나는 라테를, 아이는 따뜻한 우유를 시켰다 아이도 나도 기분이 좋아져 음료를 맛있게 먹었다 잠시 화장실 가려는데 매니저와 종업원이 나누는 대화가 들렸다 "아이와 잠까지 자는 놈이야. 괜히 건드리다 물리지 말고 나갈 때까지 조심하자구" 어이없었다 믿는 척만 하는 놈들, 다시 그 카페와 상종하지 않았다

김재근
부산출생. 2010년 창비신인상. 시집 『무중력화요일』 『같이 앉아도 될까요』
e mail / zepal2@hanmail.net

흙의 문제

이정화

잎이 말라가고 있다. 물을 흠뻑 주어도 주저앉고 있다. 식물을 잘 아는 사람에게 향하기 위해 버스에 탄다. 기울어진 좌석 때문에 계속해 앉은 자세를 고친다. 앞에 있는 사람들의 뒷모습. 부모와 닮았다. 바깥을 좀 보렴. 부모가 했던 말. 그때 우리는 산책로를 걷고 있었는데, 밖은 어디로 가야만 나오게 될까. 사람들은 하차벨을 누른 뒤 사라지고, 과속방지턱마다 버스는 흔들림을 고스란히 흡수한다. 화분을 꼭 안는다. 정해진 하차벨 소리. 기사는 규칙대로 뒷문을 연다. 예보대로 맑은 하늘. 적당한 햇볕. 그러나 식물은 상해 가고 규칙과 지금은 어울리지 않는다. 그리하여 나는 식물을 잘 아는 사람을 찾아야 했다. 그는 모든 부분을 자세히 들여다본다. 흙이에요. 그는 식물을 화분에서 꺼내 뿌리를 털고 무른 부분을 잘라낸다. 흙이 문제라고요. 힘없는 식물이 바닥에 아무렇게나 누워 있다. 식물의 싱싱한 미래를 기대하면서 하얀 뿌리에 이상한 연민을 느낀다. 구석에 죽은 풀들이 쌓인 채 말라가고. 화분에 다른 흙이 채워진다. 저기 밖으로 화분을 들고 가세요. 쭉 가면 돼요. 그는 안쪽을 가리키는데. 부모의 말을 떠올린다. 밖을 봐야지. 터널에서 나온 참이었다. 지나쳐 온 기분이었다. 모두 밖으로 나가 본 적 있던 걸까? 저기로. 네. 나는 방향을 잃는다. 모든 게 흙이 잘못돼 일어난 일이다.

균형

이정화

움직이는 추를 잡아 세우는 손

세계는 흔들리기를 멈추고
모든 아이들이 집으로 돌아간다

새로운 너는 좋아하던 일에 흥미를 잃어버린다

깊숙한 곳으로 굴러 떨어지는 볼펜을 잡지 않고
배꼽에 힘을 주지 않아도 세계는 스러지지 않는다

지진을 겪지 않고도 지진이라는 말을 이해한다

물결치는 커튼과 스며드는 음악

네 안에 기나긴 진동이 물들어 있고

스노우볼의 침묵
소리가 잦아들자 잠자코 서 있던 괘종시계

이따금 네 손가락이 파르르 떨린다는 걸 알아차린다

한 방향으로 돌고 있는 거대한 회전체
너는 반대로 돌고 있는 사람을 떠올리다 기력을 다하고

외발로 서서 고개를 바짝 세우자
네 얼굴에 말간 재앙이 내려앉는다

저편에서 몰려오는 먹구름
어지러운 공기
예고 없이 떨어지는 빗줄기
오, 모호한 우박

거대한 규칙들에 속수무책으로 젖어버린다

등 뒤에는 맑은 하늘이 숨겨져 있다 해도
너는 모든 일들이 끝난 뒤에야

진실을 알게 되는 저주에 걸렸지

무엇을 사랑했지?
땅에 올라와 멀미하는 뱃사람들은 몇 달 전을 전생처럼 여긴다는데

개미가 지나가는 일
모르는 사람과 스치는 옷깃
부러지는 샤프심의 불쾌하고 낯선 울림

원했던 일들을 더 이상 원하지 않자
사람들은 네가 안정을 찾은 것 같다고 말했다

흔들리던 시소와 그네, 바람개비들
어둠이 가라앉으면 자세를 지킨다

영원한 모습이었다

이정화
1998년생, 2023년 문학동네 신인문학상을 수상하며 작품활동을 시작했다.

인간과 꽃

조말선

금어초는 무한차례로 꽃 피러간다

무한차례로 꽃피며
무한차례로 죽으러 간다

유한한 꽃집 냉장고에 가득한

무한이라는 것
한 다발 손에 들고

축복과 감사와 영원 같은 몇 겹의 메타포로 포장한다

무거울 거야

계단이 부서질까 봐

팔을 길게 뻗어

계단 끝에 올라간 네게 안겨준다

한 송이 한 송이 피러가는 금어초처럼

한 계단 한 계단 사라지는 계단이 좁아져서

축하해, 크게 외친다

마르셀, 이 공백은 네 것이란다

조말선

프루스트의 모친은 잠들기 전 어린 아들에게 성인용 책을
읽어 줄 때 부적절한 문장을 누락시키고 읽어 주었다

두 연인의 입술 사이로 누군가의 혀가 닿기 전에 혀는
문장 아래로 탈구된다 한 나무 옆에는 한 나무가 멀뚱멀뚱
서 있었다고, 두 나무가 서로의 이파리를 어루만지려는 연애
를 바닥에 툭 놓쳐 버린 혓바닥들이 군락을 이룬 풀밭에 얼
레지가 활짝 벌어져서 치마가 뒤집어진다 뒤집어진 치마로
얼레지가 탈구된 문장을 받아 안는다 팥배나무의 가지와 산
사나무의 가지가 끝없이 갈라지는 정원은 혀가 번지는 숲으
로 우거진다 마르셀, 이 정원은 네 것이란다 모친은 백지수
표처럼 텅 빈 정원을 물려주셨지 혀가 혀를 낳고 시간이 시
간을 낳는 무한한 여백을 남겨주셨어 괄호를 열고 나는 모
친과 고모할머니와 발베크까지 저녁 산책을 할 참이야 괄호
를 닫기 전에 나는 측백나무 앞에서 발작적으로 기침을 하
며 모친이 몰래 버린 혀로 입을 닦았지 모친이 누락시킨 문

장들은 정원의 곳곳에 숨어서 주황색 만병초보다 찾기 쉬웠어 모친은 모친이 목적이었을까 내 기침과 기침 사이의 심연이었을까 마르셀, 네 기침 소리는 되새 떼가 쫑긋한 목구멍을 일제히 벌리는 소리 같아 오랑캐꽃잎들이 물결처럼 나아가는 것을 봐라 여기저기서 누락된 혀들이 발아하면서 수다스러워지는구나 모친의 목적들은 냇물처럼 흐르기도 하고 꿀벌처럼 붕붕거리다가 무화과처럼 속수무책 물러 터지기도 한다 그러다가 다시 내 손에 빈 노트를 쥐어 주는 겨울 정원이 목적일 수도 있어 나는 쉬지 않고 수다를 떨며 목적을 풀고 있어 시간이 얼까 봐 밤새 헤엄치는 물오리처럼 시간과 시간 사이를 순환하고 있어 팥배나무와 산사나무 사이에서 또 팥배나무와 산사나무를 찾고 있어 게르망트가와 메제글리즈 쪽을 왔다 갔다 하며 바닥에 납작 붙은 꼬까오랑캐꽃을 찾아내듯이 모친이 미루어놓은 소설을 찾는 거야 모친의 목소리가 꿈속까지 나를 데려가서 조용히 방문을 닫으면 이불 속에는 누락된 연애들이 수북이 쌓이는 거야 나는 나뭇잎과 나뭇잎들이 반짝이는 것처럼 오솔길과 돌멩이 사이를 떠들고 있어 아직 괄호를 닫지 않아서 나는 계속 채우고 있어

조말선
1998년 부산일보 신춘문예, 현대시학 등단. 시집 『이해할 수 없는 점이 마음에 듭니다』 외.

스트로보스코프가 멈췄다

한영원

어제 황칠나무가 죽었다
게이샤의 추억이 함께 떠났다
인간종에 대한 음모가 갔다
새집증후군이 갔다
오늘 바람이 불었다
스타카토로 흔들렸다
지난 겨울이 왔다 갔다

같이 살던 여자가 떠났다
이름을 잊어버렸다
부영사도 갔다
북극이 죽었다
남극도 함께 죽었다

스트로보스코프[1]가 멈췄다
만유인력이 죽었다

수영하던 네가 갔다
우리 즐겨 먹던 세비체는 없다
나의 보사노바가 흔들렸다
썩은 나무 둥치가 강물에 흘러갔다
백골이 땅에 묻혔다
정원의 백엽상이 멈췄다
숲이 철새를 돌려보냈다

밤에는 포플러나무가 있었다
나의 크고 푸른 호수가 있었다
유년에 천천히 자신을 묻었다
묻은 것에 물을 주고 기다렸다
세월이 무럭무럭 자랐다
꿈에서 기다란 장대를 심었다
테스카틀리포카[2]가 세기를 끝냈다

---

1 순환하면서 움직이는 물체가 느리게 움직이거나 또는 멈추는 것처럼 보이도록 만들어주는 기구.
2 아즈텍의 창조신.

황칠나무가 자랐다
게이샤의 추억이 다시 돌아왔다
인간종에 대한 음모가 생겼다
새집증후군이 왔다
오늘 바람이 불지 않을 때
나는 스타카토로 연주한다
지난 겨울이 왔다 갔다

같이 살던 여자가 그립다고 말했다
나는 미안하다고 말했다
부영사는 돌아올 때
북극을 데려왔다
남극도 함께 가져왔다
스트로보스코프가 돌면
만유인력이 서러웠다

나와 수영하던 너는 여기 있다
우리 즐겨먹던 셰비체
나의 보사노바에 맞춰 춤
썩은 나무 둥치에 버섯이 핌
여인이 버려진 아이를 주울 때
숲이 새를 안는다

정원의 백엽상에 빛이 내려앉는다

기다란 장대
전지자가 우주에게
우주가 시간에게
시간이 삶에게
삶이 죽음에게
죽음이 희망에게
희망이 미래에게
미래가 네게

먼 곳에서
다시 돌아올 때
너는 어떤 나무로 다시 태어날까

귀촉도

한영원

내가 사는 곳은 험해서 산새도 짐승처럼 운다

첩첩산중 살림을 차려서 가끔 길을 잃는 구신에게는
잘 대해주고
몸을 추스르고 떠나라고 하고 싶다

지나가는 구신이 몸을 잃고
정신은 피폐한 채로
어디까지 갔다 오셨소
저 끝까지 저 너머까지
갔다 왔다길래
내가 고봉밥 위에 계란을 부쳐주었다
그걸 먹고 목욕물을 받아줄 테니 자라고 말했다

누운 눈썹이 이뻤다
쓰다듬어 주려다가 말았다

일어나서 세수를 하라고 물을 떠다 줬는데
한참 들여다본다

왜?
예쁜 눈썹
성긴 오전의 빛

지나갈 때

우리 신화에서는
죽은 사람을 보려면 삼도천을 건너는데
강의 그림자에 불을 놓았다

다시는 돌아올 수 없게 된 것이다

그러면 저기 가는...

빛이 외진
바깥에 있다

가서 잠자

사람은 물을 멍하게 들여다볼 때
마음에서는 산새 우는 소리가 나

그것을 자주 귀 기울여 들으면
발이 뚝뚝 손이 뚝뚝
떨어져
외로워진다고 한다
외로운 몸이 된다고 한다

한영원
인천에서 태어났다. 시집 『코다크롬』을 펴내며 활동을 시작했다.

Ⅱ 비판-비평

글은 숲의 꿈을 꾸는가 : 글의 전생(前生/轉生) 또는 파이토그라피의 대안 우주

권두현

1. 숲이 꾸는 꿈, 글이 되는 순간

그는 그녀에게 너도밤나무(beech)라는 단어가 이 언어 저 언어를 거쳐 책(book)이라는 단어가 되는 것을 알려준다. 책이 먼 조상의 언어 속 너도밤나무 뿌리에서 갈라져 나왔다는 것을. 너도밤나무 껍질이 초기 산스크리트 글자를 기록하는 종이 노릇을 했다는 것도. 패티는 그들의 조그만 씨가 자라나서 단어로 뒤덮이는 모습을 상상한다. 하지만 그런 거대한 책의 질량은 어디서 나오게 될까?[1]

---

[1] 리처드 파워스, 김지원 역, 『오버스토리』, 은행나무, 2019, 168쪽.

우리가 지금 펼쳐 읽고 있는 이 책은 한때 숲을 이루던 한 그루의 나무였다. 바람에 흔들리고, 새들이 날아들었으며, 빗물을 머금고 햇빛을 모으던 생명. 시간이 흐르며 나무는 종이로 변했고, 그 위에 잉크가 새겨졌다. 자연의 흔적은 문자로 전환되었고, 식물의 존재는 인간의 글쓰기를 통해 또 다른 형태로 이어졌다. 그리고 이제, 우리는 다시금 그 나무를 읽고 있다.

책장을 넘길 때마다, 잉크가 새겨진 종이 너머로 한때 나무였던 존재가 우리를 응시하는 듯하다. 그 기억과 흔적을 따라가듯, 리처드 파워스(Richard Powers)의 장편소설『오버스토리(The Overstory)』는 숲과 인간이 서로에게 남기는 흔적과 교차하는 삶을 깊이 탐구하는 작품이다. 소설은 오리건 지역을 배경으로, 개척자 호엘(Hoel) 가문이 심은 밤나무의 성장과 함께 이야기를 시작한다. 그러나 파워스에게 나무는 단순한 배경이 아니다. 그는 나무를 인간의 역사와 운명을 공유하며, 서로를 형성해 가는 존재로 그려낸다. 나무는 인간과 함께 나이를 먹고, 기억을 품으며, 때로는 인간이 망각한 생태적 기억을 소환하는 존재로 등장한다.

이 작품은 책이 단순히 나무로 만들어졌다는 사실을 넘어, 텍스트를 통해 나무의 숨결과 생명력이 살아 숨 쉬고, 독자의 정서를 움직이며 다시금 나무와 숲을 되살릴 가능성을 열어둔다. 파워스의 글쓰기는 숲과 책의 관계를 새롭게 바라보게 하며, 인간 중심의 역사와 발전이 자연과 공존할 수 있는지를 묻는다. 그리고 궁극적으로 우리에게 되돌아오는 질문. 우리는 숲을 읽고 있는 것일까, 아니면 숲이 우리를 읽고 있는 것일까?

2. 나무에서 책으로, 다시 숲으로: 파이토그라피와 트래니머시

책은 사라진 나무의 부재를 증언하는 동시에, 또 다른 방식으로 나무의 생명을 잇는 가능성이기도 하다. 잘려나간 나무는 종이가 되어 글의 형태로 기록되지만, 그 텍스트는 독자의 감각과 해석을 통해 다시금 살아 있는 나무로 발아한다. 이와 같은 전환과 재생의 과정을 매개하는 것이 바로 '파이토그라피(phytography)'라는 글쓰기다.

파이토그라피라는 용어는 고대 그리스어의 'phyton(식물)'과 'graphia(쓰기)'에서 유래한다. 단순히 식물을 기록하는 글쓰기로 이해될 수 있지만, 이 개념은 단순한 묘사를 넘어 생명력과 관계의 기록을 의미한다. 'phyton'은 단지 식물을 지칭하는 것이 아니라, 성장과 변화 속에서 생기를 발산하는 존재를 뜻하며, 'graphia'는 단순한 기록이 아니라, 흔적을 남기고 의미를 새기는 적극적 행위다. 따라서 파이토그라피는 인간과 식물이 서로에게 남긴 흔적을 따라가며 관계를 서사적으로 구성하는 미학적 실천이라 할 수 있다.

파이토그라피는 단순한 자연 기록이 아니다. 그것은 마치 숲의 뿌리처럼 관계망을 뻗어나가는 글쓰기이며, 식물이 맺는 고유한 관계망을 탐색하는 실천이다. 그러나 여기서 중요한 것은, 이 관계성이 인간 중심적인 방식과 동일하지 않다는 점이다. 식물은 인간이 맺는 관계를 모방하는 것이 아니라, 스스로의 방식으로 존재하며, 그들만의 얽히고설킨 관계망을 형성한다. 따라서 파이토그라피는 단순한 '관계의 기록'이 아니다. 그것은 마치 한 나무가 균근 네트워크를 통해 다른 나무와 영양과 정보를 주고받듯, 관계의 특이성을 드러내어 인간 중심적 관계 개념을 다시 사유하도록 촉진하는 실천이다.

인간 중심적 사고는 개체성을 강조하며, 관계를 개별 주체들이 명확한 경계를 가지고 연결되는 것으로 이해한다. 그러나 식물은 독립적인 개체로 존재하지 않는다. 리처드 파워스의 『오버스토리』가 강조하듯, 한 그루의 나무보다 더 중요한 것은 그 나무를 둘러싼 숲 전체이며, 그 뿌리를 감싸며 공생하는 곰팡이와 미생물이 얽어내는 보이지 않는 네트워크다. 식물은 단독으로 존재하지 않고, 서로 뻗어나가는 가지와 뿌리를 통해 존재 자체를 확장해 간다. 따라서 파이토그라피는 개별 식물을 기록하는 것이 아니라, 숲이 스스로를 기록하듯 관계망을 기록하는 방식이어야 한다.

시간의 차원에서도 인간과 식물은 다른 리듬을 따른다. 인간의 관계는 짧은 시간 안에서 형성되고 변하지만, 숲의 시간은 깊다. 씨앗이 뿌려지고, 싹이 트고, 뿌리가 얽히며, 오래된 나무가 넘어져 새로운 생명의 토양이 되는 과정은 인간의 감각으로 즉각적으로 이해하기 어렵다. 우리는 한 그루의 나무를 보며 현재만을 읽지만, 그 나무는 여러 세대의 흔적을 품고 있다. 따라서 파이토그라피는 단기적인 사건을 기록하는 것이 아니라, 마치 나이테가 시간을 기록하듯, 식물적 시간에 따라 서사를 구성하는 방식이어야 한다. 순간적인 변화가 아니라, 오랜 시간에 걸쳐 형성되는 관계 자체를 기록하는 글쓰기가 필요하다.

소통 방식에서도 인간과 식물은 근본적인 차이를 보인다. 인간은 언어를 통해 의미를 전달하지만, 식물은 휘발성 유기화합물(VOCs)로 경고 신호를 보내고, 뿌리 네트워크를 통해 정보를 공유하며, 빛의 각도를 읽어 서로의 균형을 조정한다. 인간의 대화가 목소리와 문자로 이루어진다면, 나무들의 대화는 향기, 색 변화, 화학 신호, 그리고 바람에 흔들리는 잎의 움직임을 통해 이루어진다. 따라서 파이토그라피는 언어 중심의 기록을 넘어서 감각적·화학적 소통 방식까지 포함하는 글쓰기로 확장되어야 한다. 식물이 화학적 메시지를 주고받고, 환경적 신호에 반응하며, 물질적 변화를 통해 관계를 맺는 방식을 글쓰기 전략에 반영해야 한다.

무엇보다 인간과 식물의 가장 큰 차이는 존재의 경계에서 나타난다. 인간은 피부를 통해 개별성을 유지하지만, 식물은 끊임없이 자신을 확장하고 변형한다. 뿌리는 토양과 결합하고, 잎은 바람을 타고 흩어지며, 꽃가루는 벌과 새를 따라 먼 곳으로 옮겨진다. 식물은 경계를 허물며 환경과 연결되고, 존재의 유동성을 드러낸다. 따라서 파이토그라피는 고정된 개념을 서술하는 것이 아니라, 변화하는 과정을 기록하는 방식이어야 한다. 마치 나무가 계절에 따라 잎을 피우고 떨어뜨리며 자신을 변형시키듯, 글쓰기도 관계 속에서 형태를 달리하고, 존재를 확장하며, 변화 속에서 기록되어야 한다.

결국, 파이토그라피는 단순한 관계적 글쓰기가 아니다. 그것은 식물이 맺는 관계의 특이성을 기록하는 방식이며, 인간 중심적 관계 개념을 다시 질문하도록 만드는 실천이다. 식물이 서로 뿌리를 연결하고, 숲이 스스로를 확장하며 새로운 생명을 품듯, 파이토그라피는 단절이 아닌 연결, 개체가 아닌 네트워크, 순간이 아닌 깊은 시간(deep time) 속에서 관계를 기록하는 글쓰기여야 한다. 개별적인 존재를 기록하는 것이 아니라, 관계망 자체를 중심으로 글을 쓰고, 순간적인 변화가 아니라 느리고 지속되는 관계를 기록하며, 언어적 소통을 넘어 감각적·화학적 소통까지 탐색하는 글쓰기가 되어야 한다.

이러한 글쓰기는 기존의 서사 방식과 결을 달리하며, 식물이 맺는 관계의 고유한 결을 따라가는 새로운 문학적 실천이 될 수 있다. 파이토그라피는 단순히 인간과 비인간의 관계를 바라보는 것이 아니라, 비인간 존재가 서로를 감각하고 엮이는 방식을 서사의 중심에 둔다. 이는 인간 중심적 사고를 벗어나, 식물이 뿌리를 내리고 가지를 뻗으며 형성하는 관계망을 글로 짜 내려가는 과정이다. 글은 단순한 기록이 아니라, 땅속에서 나이테처럼 쌓이고 확장되는 또 하나의 생명력이 된다.

파이토그라피는 단순한 기록을 넘어, 사라진 것과 다시 살아나는 것 사이에서 새로운 정동적 관계를 엮어낸다. 책과 나무는 이 순환 속에서 서로를 매개하며, 글은 잊힌 존재를 다시 불러내는 생명의 숨결이 된다. 책을 펼치는 순간, 종이로 변한 나무는 독자의 내면에서 다시금 뿌리를 내리고 숨을 쉰다. 이것이 곧 애니머시(animacy)의 흐름이다. 생명력과 정동성은 고정된 것이 아니라, 존재들 사이를 오가며 끊임없이 재구성된다. 애니머시는 단순히 생물과 무생물을 가르는 기준이 아니다. 오히려, 어떤 존재가 사회적·문화적 맥락 속에서 얼마나 생동하는지, 혹은 어떤 조건에서 비활성화되는지를 결정하는 위계적 구조 속에서 작동한다.[2] 파이토그라

---

2   Mel Y. Chen, *Animacies: Biopolitics, Racial Mattering, and Queer*

피는 이 애니머시의 이동을 문학적으로 실천하며, 독서라는 행위 자체를 식물과 인간 사이에서 생명력이 전이되는 순간으로 포착한다. 이 전이의 과정은 '트래니머시(tranimacy)'라 불릴 만하다. 트래니머시는 애니머시가 단일한 존재에 고정된 속성이 아니라, 다양한 존재들 사이를 넘나들며 전이되는 과정임을 강조한다.[3] 따라서 파이토그라피는 그저 식물의 서사를 기록하는 것이 아니다. 그것은 나무에서 책으로, 다시 책에서 독자의 내면으로 생기성을 확장하며, 인간과 비인간 존재의 관계적 역동성을 드러내는 트래니머시의 실천이 된다.

트래니머시는 문학 속에서 단순한 의인화를 넘어, 비인간 존재가 생명력을 가진 행위자로 작동할 수 있도록 관계적 서사를 엮어낸다. 파이토그라피는 식물을 단순한 자연의 배경이 아니라, 시간과 생태적 변화를 기록하는 존재로 형상화하며, 이 과정에서 '전략적 의인화'를 활용한다. 이는 식물을 인간처럼 보이게 하려는 것이 아니라, 그들이 지닌 고유한 존재 방식을 드러내는 수사적 기법이다. 알도 레오폴

Affect, Duke University Press, 2012.

3 Eliza Steinbock, Marianna Szczygielska, and Anthony Clair Wagner, eds., *Tranimacies: Intimate Links Between Animal and Trans* Studies*, Routledge, 2021.

드(Aldo Leopold)의 「좋은 참나무(Good Oak)」[4]에서 참나무는 단순한 자원이 아니라, 생태적 시간의 흐름을 기록하는 역사적 행위자로 자리하며, 로빈 월 키머러(Robin Wall Kimmerer)의 『향모를 땋으며(Braiding Sweetgrass)』[5]는 인간과 식물이 서로를 돌보는 존재임을 서사적으로 풀어낸다. 이처럼 트래니머시는 인간과 비인간이 별개의 존재가 아니라, 서로를 형성하는 '얽힌 존재(entangled beings)'임을 강조하는 실천이다. 생명력은 고정된 속성이 아니라, 존재들 사이를 넘나들며 이동하고 전이되는 흐름 속에서 드러난다. 따라서 트래니머시적 글쓰기는 자연을 서사의 배경으로만 삼는 것이 아니라, 관계적 생기성을 탐색하는 문학적 실천으로 자리한다. 인간과 비인간, 자연과 문화의 경계를 흐리며, 정동이 이동하는 순간들을 포착하는 서사 속에서 우리는 생명의 순환을 새롭게 읽어낼 수 있다.

트래니머시의 실천은 문학적 재현에만 머무르지 않는다. 더 본질적인 것은 문학이 단순한 텍스트가 아니라는 점이다. 문학은 독자와 서사, 그리고 그 서사가 기원한 비인간적 존재들이 서로를 매개하며 얽히는 장(場)을 형성한다. 쓰는 행

---

[4] 알도 레오폴드, 송명규 역, 『모래 군(郡)의 열두 달 – 그리고 이곳 저곳의 스케치』, 정한책방, 2024.
[5] 로빈 월 키머러, 노승영 역, 『향모를 땋으며 – 토박이 지혜와 과학 그리고 식물이 가르쳐준 것들』, 에이도스, 2021.

위와 읽는 행위 사이에서, 그리고 독자의 정동적 반응 속에서 문학은 끊임없이 재구성된다. 결국, 공동체를 이루는 것은 글을 통해 연결되는 정동적 관계망이며, 이 관계망 자체가 곧 파이토그라피적 실천이 된다.

독자는 단순한 소비자가 아니다. 독서는 나무(책)의 생기성을 다시 활성화하는 과정이며, 이 순간 트래니머시는 서사적 재현을 넘어 실제적인 관계의 구축으로 이어진다. 한때 숲이었던 나무가 종이가 되어 텍스트를 품고, 다시 누군가의 손에서 펼쳐지는 순간, 나무는 사라진 것이 아니라 또 다른 방식으로 살아 있는 것이다. 나무의 생명력은 문자 속에 머물러 있다가, 독자의 시선이 닿는 순간 다시금 숨을 쉰다.

읽는 행위뿐만 아니라, 쓰는 행위 또한 트래니머시의 과정으로 이해할 수 있다. 독자가 텍스트를 읽으며 나무(책)의 생기성을 다시 불러낸다면, 작가는 애초에 그 생기성을 불어넣는 존재이자, 애니머시의 이동을 촉진하는 매개자이다. 글을 쓴다는 것은 그저 종이에 문자를 새기는 것이 아니라, 나무가 지닌 생명력을 문자로 전환하여 또 다른 방식의 생기를 부여하는 일이다. 쓰기의 행위 자체가 생기성이 이동하는 매개가 되고, 나무에서 잉크로, 잉크에서 텍스트로, 텍스트에서 정동적 경험으로 이어지는 흐름 속에서 작가는 트래니머시의 첫 번째 동인이 된다.

책 속에서 나무가 자란다. 나무가 종이가 되어 책이 되였듯이, 책은 다시 독자의 내면에서 생명의 기운을 틔운다. 글쓰기는 단절된 과거를 불러내고, 사라진 존재의 흔적을 새롭게 조형하며, 생명력이 머물고 이동하는 장소를 만든다. 트래니머시는 바로 이곳에서, 독자와 작가, 나무와 책, 글과 정동이 얽히는 순간 속에서 이루어진다.

3. 오리건의 숲을 다시 읽다: 퀴어, 장애, 그리고 정착민 식민주의적 공간의 해체

리처드 파워스의 『오버스토리』는 인간과 비인간이 서로를 구성하며 영향을 주고받는 관계를 기록하는 파이토그라피적 서사를 형성한다. 작품은 나무의 생장 과정에 비유된 네 개의 장—'뿌리', '몸통', '수관', '종자'—으로 구성되며, 이는 인간과 숲이 얽히는 방식을 형상화한다. '뿌리'에서는 각 인물이 특정한 나무와 연결되며, 이는 보이지 않는 지하에서 뿌리를 뻗어 네트워크를 형성하는 나무의 방식과 닮아 있다. '몸통'에서는 이러한 관계망이 확장되며, 인간과 비인간이 함께 형성하는 공동체적 서사가 구축된다. '수관'에 이르면 서사는 절정에 이르고, 나무들이 서로 얽혀 거대한 숲을 이루듯 인간과 자연의 긴밀한 관계가 강조된다. 이 과정에서 파워스는 숲을 평범한 배경이 아닌, 정착민 식민주의 속에서 관리되고 재편되는 공간으로 조명한다. 자연은 인간의 개입

없이는 불완전한 것으로 간주되며, 개척과 소유의 대상으로 변하지만, 작품은 이러한 서사를 반복하지 않고 전복의 가능성을 품는다. 마지막 장인 '종자'는 새로운 생명이 움틀 가능성을 암시하며, 독자의 내면에 심어진 사유의 씨앗이 자라날 수 있도록 한다. 『오버스토리』는 단순히 나무로 만들어진 책이 아니라, 한때 뿌리를 내리고 잎을 펼쳤던 나무의 생명력을 간직한 채 독자의 마음속에서 다시금 숲을 살아나게 하는 정동적 실천으로 기능한다.

특히, 이 작품에서 숲과 호엘 가문의 정착 과정은 배경으로만 쓰이지 않고, 정착민 식민주의의 논리를 드러내는 핵심적인 서사적 장치로 작동한다. 유럽에서 미국으로 이주한 호엘 가문은 낯선 땅에 뿌리를 내리고 농장을 일구며 새로운 삶을 개척하는데, 그들의 삶은 자신들이 심은 밤나무가 세대를 거쳐 성장하는 모습과 함께 전개된다. 그러나 이 과정에서 숲은 스스로 존재하는 자연 공간이 아니라, 정착민들의 손길이 닿아야만 의미를 얻는 '관리의 대상'으로 변모한다. 이는 자연을 인간의 개입 없이는 불완전한 것으로 바라보는 정착민적 세계관을 반영하며, 숲의 성장은 곧 미국식 개척 서사의 일부로서 정당화된다.

그러나 『오버스토리』는 개척 서사를 그대로 답습하지 않는다. 오히려 나무와 인간의 관계를 따라가며 정착민적 사고의 한계를 드러내고, 대안적 관계망의 가능성을 탐색한다. 하지만 이 작품이 강조하는 환경 보호의 메시지는 정착민 식민주의의 논리를 암묵적으로 내포할 위험이 있다. 환경 보호 운동은 흔히 '야생', 즉 '인간의 손길이 닿지 않은 순수한 자연'을 이상화하지만, 이는 원주민들의 존재와 전통적 생태 지식을 지우는 방식으로 작동해 왔다. 원주민들은 오랜 세월 숲과 관계를 맺으며 농사와 사냥, 생태 관리를 실천해 왔지만, 정착민들은 이 땅을 '비어 있는 땅(terra nullius)'으로 간주하고 자신들의 방식으로 재편하고 보호해야 할 공간으로 설정했다. 『오버스토리』는 나무가 가진 '숲의 시간성'을 강조하면서도, 정착민들의 서사에 초점을 맞추며 원주민들의 관계와 역사를 주변화한다. 결국, 환경 보호라는 가치를 내세우면서도 그 이면에서 정착민 식민주의의 문제적 유산을 지속시킬 위험을 내포하고 있으며, 이러한 모순은 작품이 품고 있는 미학적·윤리적 긴장을 더욱 선명하게 만든다.

이러한 문제의식은 애나 로웬하웁트 칭(Anna Lowenhaupt Tsing)의 『세계 끝의 버섯(The Mushroom at the End of the World: On the Possibility of Life in Capitalist Ruins)』[6]과도 접점을 이룬다. 『오버스토리』가 숲과 인간의 얽힘을 통해 정착민 식민주의적 환경 담론의 모순을 비춘다면, 칭은 자본주의가 남긴 폐허 위에서 생명을 이어가는 마쓰타케 버섯을 통해

---

6   애나 로웬하웁트 칭, 노고운 역, 『세계 끝의 버섯』, 현실문화, 2023.

자연과 인간의 관계를 사유한다. 오리건이라는 공간에서 두 작품이 조명하는 것은 단순한 생태적 풍경이 아니라, 인간과 비인간 존재가 직조하는 관계의 그물망이다. 다만,『오버스토리』가 여전히 정착민적 시선을 벗어나지 못한 채 환경 보호의 논리를 구축하는 반면,『세계 끝의 버섯』은 개발과 파괴의 흔적 속에서도 다른 형태의 공생 가능성을 모색한다. 두 작품 모두 숲을 배경으로 하지만, 한쪽은 인간과 나무의 교차를 통해 근대적 환경 담론을 재검토하는 데 초점을 맞추고, 다른 한쪽은 버섯이라는 작은 생명을 통해 생태적 회복력을 탐색한다. 그렇게 오리건은 평범한 배경이 아니라, 인간과 비인간이 교차하는 장소이자, 서사가 뿌리를 내리고 다시 자라나는 공간으로 형성된다.

그러나『세계 끝의 버섯』또한 유사한 비평적 질문 앞에 놓인다. 칭은 마쓰타케 버섯이 자본주의 폐허 위에서도 살아남고 번성하는 모습을 통해 인간 중심적이고 개발주의적인 공간 인식을 비판하지만, 그 과정에서 원주민과 토착적 존재의 목소리가 충분히 반영되었는가 하는 질문을 남긴다. 숲과 버섯이 자본주의가 남긴 상흔 위에서 다시 펼쳐지는 생명의 활력으로 묘사될 때, 그 생명력의 서사는 때때로 원주민들이 겪어 온 식민주의적 폭력과 강제 이주, 그리고 그들의 공간에서의 소멸과 침묵을 간과할 위험을 안고 있다.『오버스토리』와 마찬가지로『세계 끝의 버섯』역시 정착민 식민주의가 만든 공간에서 자연의 회복력이 강조될 때, 그 이면에서 지워지는 인간과 비인간 존재의 역사적·정치적 상흔을 경계해야 한다. 이 지점에서 파이토그라피는 생명의 지속을 노래하는 데에만 머물러서는 안 된다. 그것은 지속의 과정에서 어떤 존재들이 잊히고 지워지는지를 함께 조명해야 하며, 특히 오리건의 숲처럼 기억과 상흔이 교차하는 장소에서는 더욱 그렇다.

일라이 클레어(Eli Clare)의 『망명과 자긍심(Exile and Pride: Disability, Queerness, and Liberation)』[7]에서 오리건은 단순한 자연 공간이 아니라, 퀴어성과 장애 정체성이 교차하며 저항하는 장소로 다시 쓰인다. 벌목지와 숲은 퀴어성과 장애가 주변화되는 방식과 맞물려 있으며, 벌목이라는 자본주의적·식민주의적 노동 환경은 장애인과 퀴어에게 적대적인 공간으로 기능한다. 정착민 식민주의적 개발 논리는 이들을 주변화하고 억압하는 구조를 강화하며, 이 과정에서 소수자들은 지속적으로 배제되고 침묵을 강요당한다. 클레어가 회고하듯, 그는 유년 시절 오리건의 벌목지에서 장애와 퀴어성으로 인해 반복적인 폭력을 경험했다. 노동 중심의 강인한 남성성이 강조되는 벌목지에서는 장애

---

[7] 일라이 클레어, 전혜은·제이 역, 『망명과 자긍심 – 교차하는 퀴어 장애 정치학』, 현실문화, 2020.

는 '무능력'으로, 퀴어성은 '비정상'으로 규정되었고, 그로 인해 클레어는 육체적·정서적 폭력을 겪으며 자신의 정체성을 위협받았다. 그는 자연 속에서 위안을 찾으면서도, 그 자연이 폭력의 배경이 되었던 현실을 놓치지 않는다. 숲은 그에게 보호처이자 폭력의 현장이었고, 자연은 한편으로는 포용적이면서도, 정착민 식민주의와 가부장적 질서 속에서 소외의 공간으로 기능하기도 했다. 따라서 오리건은 단순히 '보호해야 할 자연'이나 '산업적 개발의 대상'이 아니다. 그것은 사회적 소수자의 몸과 정체성이 형성되고 위협받는 복합적이고 정치적인 장소이며, 동시에 억압에 대한 기억과 저항의 가능성이 뿌리내리는 공간이다. 클레어의 글쓰기는 이러한 이중성을 드러내며, 환경 보호 담론에 그치지 않고, 폭력과 소외의 역사를 기억하는 방식으로 자연을 서사화한다.

클레어는 벌목지의 상처 입은 숲과 소외된 몸들의 기억을 결합하며, 애니머시의 위계를 비판하고 이를 전복하는 글쓰기를 실천한다. 『망명과 자긍심』은 퀴어성과 장애라는 교차적 존재성을 통해 정착민 식민주의적 공간을 해체하고, 그 자리에 새로운 관계와 정동의 가능성을 모색하는 비평적 작업이다. 그의 글쓰기는 공간과 몸의 기억이 서로를 형성하며 지속되는 방식을 탐구하고, 퀴어성과 장애를 단순한 사회적 정체성이 아니라, 역사적 억압과 공간적 저항의 교차점으로 바라본다. 오리건의 숲과 벌목지는 단순한 자연 환경이 아니라, 소외와 배제가 이루어진 장소이자, 동시에 저항과 연대의 가능성이 움트는 공간으로 변모한다.

그러나『망명과 자긍심』을 전형적인 파이토그라피로 보기에는 한계가 있다. 클레어의 서사는 숲을 배경으로 하지만, 나무나 식물이 능동적인 행위자로 등장하지는 않는다. 그의 관심은 숲이 인간의 삶과 어떻게 얽혀 있는지, 그리고 그 공간이 퀴어성과 장애의 경험을 어떻게 매개하는지를 밝히는 데 있다. 그럼에도 불구하고, 오리건이라는 공간이 단지 배경으로만 있지 않고, 장애와 퀴어 정체성이 형성되고 위협받는 환경적 조건으로 작동한다는 점에서, 확장된 의미에서 파이토그라피적 요소를 포함한다고 볼 수도 있다. 결국,『망명과 자긍심』은 파이토그라피적 공간 속에서 신체성과 억압을 탐색하는 글쓰기의 한 사례로 해석될 수 있다. 클레어의 문장은 단순히 자연을 서술하는 것이 아니라, 그 안에서 살아가는 존재들의 흔적과 상흔을 기록하고, 그 흔적을 따라 또 다른 가능성을 모색하는 과정에 가깝다.

이처럼 오리건이라는 공간은『오버스토리』,『세계 끝의 버섯』, 그리고『망명과 자긍심』속에서 각기 다른 방식으로 다시 쓰인다. 같은 숲이라 해도, 그것이 기억되는 방식, 보존되는 논리, 그리고 그 과정에서 소외되는 존재들의 목소리는 서로 다른 양상을 띤다.『오버스토리』는 인간과 나무의 얽힘을 따라가며 개척 서사의 이면을 드러내지만, 정착민적 시각에서 완전히 벗어나지는 않는다.『세계 끝의 버섯』은 자본주의 폐허 속에서도 생명을 이어가는 마쓰타케 버섯을 조명하지만, 그 회복의 서사가 원주민들의 경험과 상흔을 충분히 담아내는지는 질문으로 남는다. 한편,『망명과 자긍심』에서 오리건은 벌목지의 풍경 속에서 퀴어성과 장애의 경험이 교차하는 공간으로 변모한다. 이처럼 동일한 공간도 그것을 바라보는 시선과 기록하는 방식에 따라 전혀 다른 의미를 갖는다.

결국, 파이토그라피적 글쓰기가 역사적 흔적을 어떻게 기록하고 재현할 것인가, 그리고 그것이 단순한 자연 서사의 반복이 아니라 새로운 관계적 가능성을 탐색하는 실천이 될 수 있는가에 대한 질문은 여전히 유효하다. 파이토그라피는 단지 생명의 지속을 찬미하는 것이 아니라, 그 지속이 이루어지는 방식과 그 과정에서 지워진 존재들을 함께 비추어야 한다. 오리건의 숲은 나무와 버섯, 인간과 비인간이 함께 엮이며 존재하는 장소이지만, 그것을 기록하는 방식이 특정한 존재를 중심에 놓을 때, 또 다른 존재들은 배제되거나 지워질 수 있다. 그렇다면 파이토그라피는 그 침묵의 자리에서 무엇을, 어떻게 다시 써 내려가야 하는가? 이 질문은 문학적 재현만의 문제가 아니다. 관계를 맺고 기억을 남기는 정동적 실천으로서, 끊임없이 새롭게 던져야 할 과제다.

4. 가덕도의 파이토그라피적 전환: 자연과 역사의 관계를 다시 쓰는 예술

오리건의 사례는 가덕도의 백년숲을 둘러싼 논의에도 중요한 시사점을 제공한다. 해발 269미터 국수봉 동쪽 사면에 자리한 이 숲은 1904년 일본군의 주둔과 함께 일반인의 출입이 통제된 이후, 한 세기 동안 인간의 개입 없이 자연 그대로 보존되었다. 계절이 바뀔 때마다 수천 그루의 자생 동백나무가 섬의 사면을 붉게 물들이고, 해풍을 견뎌온 아름드리 참나무가 시간의 흔적처럼 서 있다. 그러나 이곳은 평범한 자연 녹지가 아니다. 가덕도의 숲은 일본군의 군사적 점령을 거쳤고, 이후 개발주의적 도시 확장이 거듭되는 와중에도 살아남은 역사적 공간이다. 외양포는 군사 요새화의 과정에서 정착민 식민주의적 공간 재편의 흔적을 고스란히 담고 있으며, 40년간 일본군 군국주의의 거점이었던 외양포의 낡은 집들은 해방 이후 평범한 이들이 다시 삶을 일군 터전이 되었다. 그러나 이제 이곳은 신공항 건설이라는 개발 논리 속에서 또다시 사라질 운명에 놓여 있다.

가덕도는 과거 군사 요새로 기능했던 공간이지만, 오늘날 신공항 건설을 통해 또 한 번 자본주의적 요새화의 대상이 되고 있다. 이 과정에서 가덕도의 자연과 인간, 그리고 그들이 맺어온 복잡한 관계망은 경제적 자원으로 환원되고, 공간적 정의와 역사적 기억은 식민주의적 개발 담론 속에서 소외된다. 따라서 가덕도의 숲과 마을을 다시 바라본다는 것은 환경 보호를 넘어, 그 공간이 품은 기억을 복원하고, 정착민 식민주의적 논리를 비판적으로 성찰하는 일이 되어야 한다.

스테판 헬름라이히가 개념화한 '청록색 자본주의(blue-green capitalism)'[8]는 오늘날 가덕도의 미래를 규정하는 시각적 논리로 작동한다. 청색의 바다는 자유로운 이동과 투기적 고수익의 비전을, 녹색의 땅은 생태적 지속 가능성과 보존의 가치를 덧씌운 채, 개발과 보존이 겹쳐지는 풍경을 만들어낸다. 신공항 건설 담론은 '글로벌 허브도시'라는 전략적 가치를 내세우며 가덕도의 공간을 경제적·군사적 논리에 따라 재편하지만, 이곳은 단순한 개발지가 아니다. 가덕도는 정착민 식민주의의 흔적이 켜켜이 쌓인 역사적 지형물이며, 청색의 바다가 끝나는 자리에서 녹색의 숲이 시작되고, 그 경계를 따라 식민의 흔적과 개발의 논리가 교차한다. 과거 일본 식민 정부가 지리적·전략적 가치를 앞세워 이곳을 점령했던 것처럼, 오늘날의 개발 논리 역시 가덕도를 또

---

8 Stefan Helmreich, "Blue-green Capital, Biotechnological Circulation and an Oceanic Imaginary: A Critique of Biopolitical Economy," *BioSocieties*, Vol.2, No.3, 2007.

다른 정착민적 미래의 공간으로 변환하려 한다. 바다는 국경을 초월하는 경제적 기회로, 숲은 관리와 보존의 대상으로, 땅은 전략적 거점으로 다시금 기능을 부여받으며, 청록색 자본주의는 그 이중적 풍경을 정당화하는 시각적 장치로 작동한다.

그러나 이러한 청록색 자본주의적 공간 재편의 논리에 맞서, ⟨가득한 가덕⟩ 전시[9]는 파이토그라피가 문자화된 텍스트를 넘어, 다양한 예술적·매체적 형태로 확장될 수 있음을 보여주는 중요한 사례다. 신공항 건설이 미래를 규정하려는 청사진을 제시하는 반면, ⟨가득한 가덕⟩ 전시는 가덕도의 과거와 현재를 다시 읽으며 단절된 시간성과 가려진 관계망을 복원하려 한다. 일본군의 점령과 군사적 요새화 속에서도 가덕도의 시간은 끊어지지 않았으며, 바람이 지나간 자리에서 숲이 다시 자라듯, 기억 또한 흔적으로 남아 있다. 그러나 개발 논리는 이러한 흔적을 덮어버리고, 청사진이라는 이름으로 또 다른 미래를 설계하려 한다. 이 전시는 이러한 반복의 구조에 균열을 내며, 가덕도를 자연과 인간, 역사와 기억이 교차하는 장소로 다시 사유하도록 요청한다. 이는 일차원적인 복원이 아니라, 가려졌던 관계망을 드러내고 공

---

9 ⟨가득한 가덕(Gadeok, Full of Everything)⟩, 전시, 김경화, 박진효, 방정아, 여상희, 왕덕경, 유현욱, 이동근 참여, 2024년 12월 5일–12월 17일, 예술지구 P 전시장 전관, 부산.

간을 단순한 대상으로 바라보는 것이 아니라 살아 있는 서사로 인식하도록 유도하는 과정이기도 하다.

〈가득한 가덕〉은 회화, 사진, 영상, 설치 작업 등을 통해 가덕도의 백년숲과 외양포 일대의 변화를 기록하고 재구성하며, 식민주의적 개발 논리에 의해 가려진 공간의 기억을 복원하는 예술적 실천을 보여준다. 백년숲의 동백나무와 참나무를 대상으로 한 사진 및 드로잉 작업은 자연의 재현을 넘어, 나무가 기억의 매개체로 기능하는 방식을 탐색한다. 외양포의 폐가와 해안가 풍경을 기록한 영상 설치 작업은 공간이 과거의 흔적을 간직한 채 어떻게 변화해 왔는지를 조명하며, 사라져가는 장소성과 지속되는 기억 사이의 긴장을 드러낸다.

이 전시는 결과적으로 관람자가 단순한 감상자가 아니라, 공간을 다시 읽고 경험하는 참여자로 자리하도록 유도한다. 가덕도의 백년숲과 외양포의 풍경은 한낱 자연 경관이 아니라, 시간과 역사를 품은 생명력의 공간이다. 그것들은 그저 바라보는 대상이 아니라, 예술적 기록과 창작의 원천이 되며, 예술이 그 흔적을 따라가고 다시 쓰는 과정에서 재구성된다.

이러한 생기성은 예술적 전이를 통해 새로운 감각적 경험의 장으로 확장된다. 가덕도의 풍경은 회화, 사진, 설치미술 등의 매체를 통해 재구성되며, 자연이 품고 있는 기억과 정동이 예술적 언어로 번역된다. 이 과정에서 숲과 공간은 더 이상 물리적 장소에 머무르지 않고, 예술적 실천을 통해 관계적 공간으로 전환된다. 전시를 마주한 관객은 그저 감상자가 아니다. 그들은 공간의 역사와 생태를 체험하며 감각적으로 참여하는 존재가 된다. 숲을 기록한 작품들은 단순한 형상이 아니라, 공간을 다시 사유하도록 만드는 정동적 매개체로 작동한다.

결국, 〈가득한 가덕〉은 단순히 보존의 필요성을 외치는 것이 아니라, 기억을 복원하고 생명을 다시 쓰는 실천으로 기능한다. 이 전시는 공간을 기록하는 방식이 단조로운 재현을 넘어, 그 안에 깃든 흔적과 상흔을 읽어내는 과정임을 보여준다. 나무는 한 번 쓰이면 사라지는 종이가 아니라, 기억을 품고 다시 살아나는 존재이다. 마찬가지로, 가덕도의 공간도 소멸하거나 보존되어야 할 대상이 아니라, 끊임없이 다시 읽히고 쓰여야 할 생명의 장(場)이다.

이러한 파이토그라피적 실천은 단순한 기록을 넘어, 공간을 인간과 비인간이 얽힌 관계 속에서 다시 조명하는 작업이다. 여기에서 트래니머시는 중요한 개념적 전환을 제공한다. 생명력은 단순히 개별 존재가 지닌 고정된 속성이 아니라, 관계 속에서 이동하고 전이되는 생기성으로 작동한다. 마치 나무의 뿌리가 토양과 미생물, 곰팡이 네트워크를 따라 확장되듯, 예술 또한 생기성을 매개하며 새로운 정동적 관계를 형성한다.

〈가득한 가덕〉에 전시된 회화, 사진, 설치 작품들은 이러한 생명력의 이동을 촉진하는 실천이다. 동백나무와 참나무의 형상을 담은 드로잉은 식물의 시간성을 따라가며 기억을 축적하고, 외양포의 폐허를 기록한 영상 설치는 공간의 생기성이 어떻게 변화하고 전이되는지를 탐색한다. 관람자는 공간을 다시 읽고, 그 생명을 이어가는 존재가 된다.

결국, 〈가득한 가덕〉은 정착민 식민주의가 남긴 공간을 해체하고, 그 자리에 새로운 기억과 관계를 심어가는 예술적 실천이다. 이 전시는 숲과 마을이 수동적인 보호의 대상이 아니라, 끊임없이 읽히고 다시 쓰이며, 생명을 이어가는 서사적 공간임을 보여준다. 나무의 나이테가 시간을 품듯, 파이토그라피는 공간이 간직한 흔적을 따라가며, 사라진 것들과 아직 오지 않은 것들의 결을 읽어낸다. 트래니머시는 정동과 생명이 머무르지 않고 이동하는 방식, 그리고 그것이 관계망 속에서 다시 생명을 불어넣는 순간들을 포착한다. 〈가득한 가덕〉은 이러한 흐름을 기록하며, 우리가 공간과 맺는 관계를 새롭게 사유하도록 이끈다.

5. 새잎이 돋아나는 순간, 파이토그라피적 실천으로서의 글쓰기

정착민 식민주의적 공간은 자연과 인간의 관계를 지배적 시선으로 틀 지우며, 그 안에 살아 있는 존재들의 목소리를 지워왔다. 그러나 오리건의 숲과 가덕도의 백년숲은 단순한 자연 공간이 아니다. 이들은 개척과 개발, 정착민적 논리에 의해 재편된 장소이면서도, 인간과 비인간이 오랜 시간 얽히며 살아온 장소이자, 기억과 흔적이 축적된 살아 있는 생명체다. 숲은 보호와 개발이라는 이분법적 구도에 갇히지만, 실상 그 안에는 사라진 것들과 되살아나는 것들이 공존하며 새로운 이야기가 자라고 있다.

파이토그라피와 트래니머시는 바로 이 지점에서 새로운 길을 제시한다. 파이토그라피는 일차원적인 기록이 아니라, 기억을 소환하고 관계를 회복하며, 사라지는 존재들의 흔적을 다시 쓰는 방식이다. 『오버스토리』의 나무가 시간의 증인이자 행위자로 등장하는 것처럼, 『세계 끝의 버섯』에서 마쓰타케 버섯이 폐허 위에서도 생명을 이어가는 것처럼, 그리고 『망명과 자긍심』에서 벌목지가 억압된 몸의 기억과 교차하는 것처럼, 파이토그라피적 글쓰기는 인간과 비인간이 얽혀온 시간을 되살리는 문학적 실천이 된다.

그러나 파이토그라피는 과거를 기록하는 데 그치지 않는다. 그것은 읽히고 다시 살아나며, 정동이 이동하고 순환하는 과정에서 비로소 완성된다. 나무가 종이가 되고, 그 위의 글이 독자의 마음속에서 다시금 정동을 일으키며 살아나는 순간, 생명력은 하나의 존재에서 또 다른 존재로 옮겨 간다. 〈가득한 가덕〉 전시는 이러한 트래니머시적 전이를 예술적 실천으로 보여주며, 백년숲과 외양포의 역사를 새롭게 매개하고, 관객이 그 장소를 다시 바라보고 기억하도록 이끈다.

결국, 파이토그라피는 단순한 성찰이 아니다. 그것은 상처 입은 공간을 치유하고, 다시 생명의 가능성을 모색하며, 관계를 새롭게 엮어 가는 실천적 행위이다. 책이 나무의 부재를 증언하면서도 다시 깨어나는 나무의 가능성이 되는 것처럼, 독자가 텍스트를 읽는 순간 나무가 다시 살아나는 것처럼, 글쓰기는 정동이 순환하는 생명의 공간을 창출한다. 그리하여 이제 우리는 묻는다.

숲은 인간을 기억하는가, 아니면 인간이 숲을 다시 기억하는가?

그 기억 속에서, 우리는 어떤 새로운 관계를 써 내려갈 것인가?

권두현
동아대학교 젠더·어펙트연구소 전임연구원. 동국대에서 강의한다. 미디어와 한국 현대문학/문화의 관계, 특히 드라마 및 각종 대중문화를 대상으로 언표 너머에서 몸이 하는 다양한 일들에 관심을 두고 연구를 수행하고 있다.

일하는 사람이 일구는 글쓰기

김대성

> 아기를 업고
> 골목을 다니고 있다니까
> 아기가 잠이 들었다.
> 아기가 잠이 들고는
> 내 등때기에 엎드렸다.
> 그래서 나는 아기를
> 방에 재워 놓고 나니까
> 등때기가 없는 것 같다.[1]

1. 노동자(가 아니)다

프랑스 철공 노동자 제롬-피에르 질랑은 1841년 9월 "장삼이사의 생각과 감정의 반영, 문학적 접속도 후속도 없이 가난한 이들을 담는 소박한 앨범, 작업장의 사태와 욕구에 대한 간명한 비평"이 되고자 한 월간지 『라 쉬류 포퓔레르』에 쇠를 두드리는 일에 대해 자부심을 가지지만 아무래도 천직

---

[1] 이후분(문경 김룡 국민학교 6학년), 「아기 업기」(1972년 5월), 이오덕 엮음, 『일하는 아이들』, 보리, 2002(초판 1978), 60쪽.

은 아닌 것 같다는 내용을 담은 편지글을 싣는다. 그는 조르주 상드가 서문을 써준 작가-노동자이자 제2공화국 하원의원으로 노동계급을 대표하는 노동자였지만 늘 노동자가 아닌 다른 존재가 되려는 꿈을 꾸었다. "내가 나의 직업을 높게 평가한다는 걸 넌 알지. 그렇지만 실은 내가 되고 싶었던 건 화가야."[2] 자크 랑시에르는 『프롤레타리아의 밤』에서 그간 마르크스주의 이론이나 문화연구에서 19세기 노동자의 삶을 분석했던 방법론과 다른 접근 방식을 보여준다. 노동자에게는 노동자다운 것(계급의식, 정체성)이 있다는 것을 바탕으로 두지 않고 진정한 혁명과 해방은 노동자다운 것을 발견하면서가 아니라 '노동자답지 않은 것을 추구'하면서 가능하다는 결론에 도달하기 때문이다. 랑시에르가 보기에 19세기 노동자들은 노동자답지 않은 것을 욕망하면서 바로 그 지배의 논리를 근원에서부터 전복시켰다.

19세기 노동자들의 문서고(신문, 보고서, 편지, 회고록, 시)를 열람하면서 랑시에르는 부르주아가 지배하는 질서에 저항하는 노동자 실천을 분석하는 계보에서 벗어나 새로운 관점에서 노동자의 문제를 바라봤다. 특정한 시대에 특정한 위치에 있는 주체가 '생각할 수 없는 것을 생각한다는 것'의 의

---

[2] 자크 랑시에르, 안준범 옮김, 『프롤레타리아의 밤』, 문학동네, 2020, 19~22쪽.

미를 찾기 시작한 것이다. 『프롤레타리아의 밤』에서 랑시에 르는 노동자들이 현실과 관계없는 것을 꿈꾸고 존재하지 않는 것을 그리려는 욕망을 표출하는 것이야말로 자신이 사는 세상을 다른 방식으로 만들려는 움직임이라는 것을 확인한다. '존재하지 않는 나무'와 '모델이 없는 대상'을 그리는 일을 하고 싶어 한 노동자들의 글을 읽으면서 랑시에르는 '다른 곳의 생각'이 나타나는 것을 발견한다.[3] 노동자가 쓰는 글은 '노동자다움'이 아닌 '노동자가 아니고자 하는 욕망'이 펼쳐지는 장이라는 것인데, 그건 이미 구획되고 분할된 틀에 따라 정해진 자리를 재현하는 생각이 아니라 자리를 정하는 틀을 뒤집고 정해진 자리를 해체하는 해방의 생각이었다. 말하자면 노동자들은 노동자가 꿔야 하는 (할당된) 꿈을 꾸는 것이 아니라 부르주아에게 허용된 꿈을 꾸려했다. 결코 부르주아가 될 수 없으면서도 부르주아의 언어로 말하고자 하고 부르주아의 꿈을 꾸고자 하는 노동자들. 이 모순 속에서 랑시에르는 해방의 가능성을 발견한 것이다.

　　1970-1980년대 한국 노동자들이 쓴 글에서도 19세기 프랑스 노동자들과 비슷한 꿈을 발견할 수 있다. 한국 노동 운동의 상징과도 같은 전태일이 남긴 5권의 노트엔 일기,

---

3　주형일, 『자크 랑시에르와 해방된 주체』, 커뮤니케이션북스, 2016, 12~14쪽

(보내지 못한) 연애편지, 사업구상 노트, 공장 노동자 앙케이트, 그리고 미완성 소설이 어지럽게 적혀 있다. 이 글에 대한 관심과 연구는 2010년이 지나서야 얼마간 이루어졌을 뿐 그동안 제대로 다루어진 바가 없다.[4] 더군다나 그가 왜 썼는지, 무엇을 쓰려고 했는지를 살피기보단 "근로 기준법을 준수하라, 우리는 기계가 아니다"라는 노동자 권리를 위해 분신했다는 상징에 초점을 맞춰왔다. 그건 1980년대 노동자들의 글쓰기를 바라보는 관점으로도 이어지는데, 자크 랑시에르가 말한 '해방'은 한국 노동자들이 쓴 글을 해석하는 중요한 이론 근거로 도입되지만 노동 운동과 투쟁을 통해 현실 변혁을 가리키는 '해방'과 겹쳐지면서 외려 노동자 정체성을 강화하거나(노동 열사, 참된 노동자) 반복하는 결과를 낳았다. 노동자 글쓰기가 노동자다움이 아닌 노동자가 아니고자 하는 욕망으로 나아감으로써 해방의 가능성을 발견했다는 랑시에르의 '해방'과 1980년대 한국 노동 운동이 가닿고자 한 노동자 계급성 강화를 통해 현실 변화를 도모한다는 '해방'을 같은 것이라 여기면서 묘하게 빗나간 셈이다. 하지만 그동안 노동자성을 드러내는 한 사례로만 자리를 할당받아왔을 뿐인 여성 공장 노동자(여공)가 글을 쓰기 시작했을 때

---

4   전태일이 남긴 글을 묶은 『내 죽음을 헛되이 말라』(전태일, 돌베개, 1988)는 오래전에 판이 끊겨 더 이상 유통이 되지 않고 조영래가 쓴 『전태일 평전』만이 출판사와 판을 바꿔가며 널리 읽히고 있다.

발생한 또 다른 변화에 대해 주목해본다면 노동자성을 강조하던 기존의 관점은 조금씩 균열이 가기 시작한다는 것을 발견할 수 있다.

2. '여공 문학' : 사라진 이들을 부르는 이름

'여공'이라는 이름엔 식민지와 국가 주도 산업화로 이어지는 구조적 모순이 각인되어 있다. 오랫동안 글을 써왔음에도 그저 노동자 글쓰기의 한 부분으로만 논의해왔을 뿐 누구도 이들이 쓴 글을 '여공 문학'이라 부르진 않았다. '여공'은 '문학'을 수식하기 위해서만 호명되었을 뿐 '여공이라는 이름'으로 문학을 부르는 일은 없었다. 읽고 쓰며, 다른 곳으로 이행하고 있던 여공들을 원래 있던 '그 자리'에 붙들어두기 위해 문학(제도)은 '여공'을 제국주의나 산업화의 '희생양'으로 불러왔을 뿐이다. 특히 문학 작품 안에서 여공은 감상적인 인물로 묘사되곤 했는데, 루스 배러클러프는 이를 "남성 중심적 노동운동의 온정주의적 흐름을 대변하는 동시에, 여공의 고통에 관한 광범위한 미학적 집착을 보여주는 것"이며 "희생양 등으로 재현되었던 여성 노동자에 대한 감상주의적인 정치적인 해석은, 1920, 30년대 그리고 1970, 80년대 내내, 노동운동 내에서 여성 노동자들의 역할을 중요시하면서도 부차적인 존재로 의미화"했음을 비판한다.[5] 노동조합운동에 적극적으로 참여했던 행위자이자 여성 노동계급과 자신을 희생양으로 낭만화 하는 문화적 표상으로서, 여공 사이의 간극을 탐색하고자 한 뜻을 품은 '여공 문학'이란 새 이름은 장르나 글쓰기 양식에 국한되지 않으며 무엇보다 가치중립적인 이름이 아니다.

  '여공'이라는 이름엔 한국 사회의 구조적 모순의 역사(식민지-국가 주도 산업화)와 그 모순을 자양분으로 삼아 몸을 불려온 문학이라는 제도의 이중 착취의 역사가 각인되어 있다. 여공이라는 자리(몫)와 문학이라는 제도 사이에서 벌어졌던 갈등과 결렬을 기존의 역사학이 아닌 계보학적 방법을 통해 '여공 문학'이라는 새로운 장소로 가시화하는 것은 기존의 문학사에 균열을 가한다. 루스 배러클러프가 한국 여성 노동자들의 글을 '여공 문학'이라는 새 이름으로 부를 때 여성 노동자들이 써왔지만 그동안 제대로 다뤄지지 않았던 '공장 내 성폭력'과 차별 문제가 뚜렷하게 드러난다. 여성 노동자들이야말로 다른 존재가 되고자 하는 열망으로 글을 썼다. 이들이 쓴 글엔 작가가 되고 싶어 다락방에 세계 문학 전집을 할부로 구비해놓았던 여공(장남수, 『빼앗긴 일터』), 멈

---

5 루스 배러클러프, 김원·노지승 옮김, 『여공 문학』, 후마니타스, 2017, 16쪽.

춘 컨베이어벨트 위에서 조세희의 『난장이가 쏘아올린 작은 공』을 읽고 필사했던 여공(신경숙, 『외딴방』) 이야기가 흐르고, 그들이 겪어내야 했던 차별과 성폭력을 누구도 말하지 않기에 스스로 드러내야 했던 이야기와 그 글을 자신이 썼다는 걸 믿어주지 않았던 사회와 노조활동을 했다는 이유로 블랙리스트에 올라 뿔뿔이 흩어져 고립되야 했던 사정, 그럼에도 서로를 찾고 알리는 소식지를 발행하고 그동안 겪은 일을 기록한 장편 노동 수기를 출판하며 그들 스스로가 일군 역사를 지켜내고자 했던 애씀으로 가득하다. 여공에게 '글쓰기'란 이 역사를 가리키는 말이며 '여공 문학'은 사라진 이들을 부르는 이름이다.

노동자가 아닌 다른 존재가 되려 했다는 점에서 한국 노동자들의 글쓰기는 랑시에르가 주목 한 19세기 프랑스 노동자와 이어진다. 말하자면 거의 모든 글쓰기는 여기, 이곳을 벗어나고자 하는 열망, 다른 존재가 되고자 하는 열망과 이어져 있다. 그렇게 벗어난 이들, 다른 존재가 된 '성공한' 이들은 그에 대한 보상을 받는다. 그 보상은 거기까지 미치지 못한 이들의 행위를 미달과 미성숙한 것으로 만들어버리는 대가를 바탕으로 한다. 어떤 식으로든 제도의 승인 없이는 존재를 인정받지 못하기에 그렇게나 남들과 같은(번듯한), 지금과는 다른 존재가 되려 노력했다 생각한다. 작가를 흉내 내거나 그들과 비슷한 글을 쓰기 위해 애쓰고자 하는 마음은 한국 노동자 글에서 어렵지 않게 발견할 수 있다. 그런데 나는 오래전부터 노동자들이 쓴 글 가운데 문학과 비슷해지려 노력하거나 문학을 흉내내려 하지 않는 글에 주목해야 한다고 생각해왔다.

    제도 바깥에서 노동자들이 썼던 글들 가운데, 특히 여성 노동자가 쓴 『공장의 불빛』(석정남), 『빼앗긴 일터』(장남수)와 같은 장편 노동 수기는 자신들을 지칭하는 '공순이'라는 비아냥과 조롱에 대항하는 글쓰기로 볼 수 있다. 한 사람의 자서전처럼 보이는 이 글엔 서로가 연결되었을 때 자신들을 늘 움츠려들게 만들었던 폭력과 억압이 만드는 공포를 이겨내고 "멀리서 들려오는 [동료들의 : 인용자] 부르짖음에 나도 모르게 이끌려 갔던"[6] 해방의 경험이 진동한다. 이 장편 노동 수기 안에서 많은 이들은 문학가가 되고 싶은 여성 공장 노동자의 불가능한 열망에 밑줄을 긋곤 하지만 일터에서 쫓겨나지 않기 위해 세상과 싸우는 동안 이들의 글쓰기는 동료를 모으고 어울릴 수 있는 촉매제로, 바라는 일을 지속할 수 있는 동력으로 자리를 바꾼다. 내가 노동자 생활글에서 읽어내려는 건 힘들고 어려운 삶을 생생하게 그려낸 사실적인 묘사나 이곳을 떠나 다른 무엇이 되고자 하는 열망이 아닌, 떠나지 않고 머무는 삶을 고스란히 담은 기록과 기

---

6   석정남, 『공장의 불빛』, 일월서각, 1984, 43쪽.

술이다.

3. 문학에 기대지 않는 글쓰기

여러 노동자들이 쓴 일기와 수기를 바탕으로 거의 처음으로 이들의 글을 묶어냈다고도 볼 수 있는『비바람 속에 피어난 꽃―10대 근로자들의 일기와 생활담』(한윤수 엮음, 청년사, 1980)은 신군부독재로 언론과 출판이 제한되고 문학 제도가 붕괴된 비상상태 속에서 비로소 가시화될 수 있었던 노동자 글쓰기 바탕이 무엇인지 살펴볼 수 있다는 점에서 여러모로 중요한 책이다. 이 책 머리말은 "후신(後身)없는 전신(前身) 혹은 전신 없는 후신이 되어 결국 어느 편에서 보나 역사 없는 단신(單身)의 문화로 취급"[7]되어온 한국 노동자 글쓰기 역사를 지금과는 다른 방식으로 이을 수 있는 실마리를 제공한다.

   이것은 서울 변두리 두 야학에서 모은 십대 근로자들의 일기와 생활담이다.
   작년에 이오덕 선생이 엮어 발표한『일하는 아이들』은 1950년대 후반부터 70년대 중반까지 초등학교에 다니던 농

---

7 김예림,「노동의 로고스피어」,『사이間SAI』15호, 2013, 255쪽.

촌 아이들의 살아가는 모습을 진실하게 보여준 바 있다. 그런데 이 일하는 아이들은 의무교육을 마친 후 과연 어떤 길을 걸었을까?

―「머리말」, 『비바람 속에 피어난 꽃』

생활글과 생활담이라는 비슷하면서도 서로 다른 갈래를 '이오덕'이라는 이름이 잇고 있다. 여기서 언급하는 『일하는 아이들』은 이오덕이 시골분교에서 20년이 넘는 시간동안 학생들에게 가르쳤던 글(시)쓰기 교육이 어떻게 뿌리를 내리는지를 살펴볼 수 있는 글(시) 모음집이다. 이 책은 그동안 아동문학으로 다루어졌을 뿐 노동자 글쓰기와 나란히 놓인 적이 없다. 노동자 글쓰기에 대한 논의가 1970-1980년대라는 시기에 집중된 것에 반해 학급 문집을 바탕으로 하는 이 책에 수록된 글은 1950년대 후반부터 1970년대 후반에 이르기까지 길게 이어진다. 이오덕이 이끈 글쓰기 운동은 전국 초중고 교사들이 주축이 된 한국글쓰기교육연구회(1983~현재)나 '일하는 사람이 글을 써야 한다'는 틀을 바탕으로 펴내는 『작은책』(1995~현재)과 같은 잡지를 비롯해 제도와 두어 걸음 떨어진 곳에서 이어지고 있다. 이 두 책은 '도시 10대 노동자'와 '시골 학교 어린이'라는 서로 다른 자리에 선 이들이 실은 이어져 있다는 걸 말한다. 앞글은 노동자 글로, 뒷글은 아동문학이나 글쓰기 교육 차원으로 나뉘어 논의되어 왔지만, 비슷한 시기에 나온 이 두 책은 앞과 뒤가 없는 한국 노동자 글쓰기의 바탕이 무엇인지를 찾아볼 수 있는 실마리를 제공한다.

이오덕은 노동자가 쓴 글을 '생활글'이라 부르기 시작한 1980년대에 앞서 '생활글'을 글쓰기의 갈래 중 하나로 명확하게 분류했고 그 갈래의 중요한 조건을 (성인들의) '문학'과는 다른 '생활을 그대로 그려 보이고 말해 보임으로써 진실을 표현하는' 글쓰기라 기술한 바 있다.[8] 그는 1945년부터 1983년까지 글쓰기 교육의 역사를 4단계로 나누어 기술하며 1기(1945년 해방의 날부터 한국전쟁이 일어난 1950년까지의 5년 동안)에 해당하는 시기에 노봉우가 쓴 『생활 작문 교실』(이우사, 1950)의 성과가 "전쟁으로 인해 모든 진실한 것을 모색하려던 싹들이 짓밟혀 자취도 없이 사라진 것"을 안타까워한다. 아이들의 자유로운 의사표현을 보장하는 바탕 위에 문학적 가치를 더한 글쓰기 교육을 지향하는 노봉우의 저작은 '생활글쓰기(綴方)'라는 일본 작문 교육의 영향을 받은 저작으로 파악된다.[9] 일본 생활글쓰기는 1920년대 후반

---

[8] "누구나 쓸 수 있고 써야 하는 '생활글'을 마땅히 문학의 한 장르로 설정해야 한다고 생각한다. 이 생활글은 아이들이 학교에서 배운 글쓰기가 그대로 연장되어 어른이 된 다음에도 자기의 삶을 여러 가지 형식으로 표현하는 글이 될 터이다." 이오덕, 『삶을 가꾸는 글쓰기 교육』, 보리, 2004(초판 : 1984), 56쪽.

[9] 정유철, 「생활 글쓰기의 지도 방안 연구」, 경상대학교 석사학위논문,

글쓰기 교육학 자료에서 처음 쓴 걸 확인할 수 있으며, 1950년대 일본의 전후 민주주의 체제를 만들어나가는 여정 안에서 일본 곳곳에서 활발하게 일어난 (노동자) 서클운동을 이끈 생활기록운동이라는 흐름으로 이어진다는 것을 확인할 수 있다.[10] 농촌 아이들이 쓴 시 묶음인 『일하는 아이들』과 도시 야학을 다니는 10대 노동자들이 쓴 글을 묶은 『비바람 속에 피어난 꽃』이 어떻게 이어지며 또 어째서 갈라지는지, 문학의 이름으로 묶이지 않는 이 글쓰기 역사가 왜 기록되지도 이야기되지도 않는지 살피기 위해 1930년대 일본 생활글쓰기 교육 운동과 이어진 희미한 끈에 대해 이야기해보려고 한다.

1930년대 일본 생활글쓰기는 1920년대 문예 글쓰기와 달리 문자와 문장을 씀으로써 자기 인식과 자연 인식, 사회 인식을 형성하는 교육 방법으로, 기존 작문 교육과 달리 어떤 주제가 주어질 때 쓰거나, 남이 쓴 글을 베껴 쓰는 것이 아니라 아이들이 자신의 생활이나 경험을 자유롭게 쓰는 교

2014, 9쪽.
10 츠지 토모쿠(辻 智子)는 『섬유여성노동자의 생활기록운동—1950년대 서클운동과 젊은이들의 자기형성紐維女性労働者の生活記録運動——九五〇年代サークル運動と若者たちの自己形成』(北海道大学出版会, 2015)에서 생활기록의 계보를 실증적으로 추적하고 있는데 그가 면밀하게 행하는 실증 작업 속에서 확인할 수 있는 중요한 사실 가운데 하나는 논증 과정에 '문학'이라는 잣대가 도입되지 않는다는 것이다.

육 방법이다. 1930년대 생활글쓰기 운동에서 특히 주목해야 하는 대목은 1934년 동북 지방을 덮친 대흉작을 계기로 일본 내에서도 빈곤과 근대화에 뒤처진 당시 동북 지방(아키타, 아오모리, 이와테, 미야기, 야마가타를 통칭)의 청년 교사들을 중심으로 아동 생활과 발달 가능성을 박탈하는 지역 사회 구조와 문화에 대해 비판적 통찰을 가졌다는 점이다. 이런 까닭에 북방성 교육은 지방 분권과 북방 환경에서의 지역 주체성을 주장하였고, 글쓰기를 바탕으로 초기 문예적 운동을 교육 전반에 걸친 종합 교육의 형태로 바꿔 갔다. 이같은 생활글쓰기 교육운동은 당시 식민지 조선의 글쓰기 교육에도 영향을 끼친 바 있는데, 자란 환경과 향토를 존중하고 지역을 있는 그대로 표현하는 것이 좋은 문장 요건이라는 점 또한 강조되었다. 하지만 '향토', '노동', '일본어'로 집약되는 조선 아동의 글쓰기는 식민치하에서 졸업생 지도 및 농촌정책의 충실한 하달로 나타남으로써 글쓰기가 생활을 일구는 데까지 나아가지 못하고[11] 식민지 권력이 제도를 통해 강제하고 부여한 자기 검열 또는 정치적 구호로 머무는 특성을 보인다.[12]

---

11 1930년대 일본 생활글쓰기에 대한 내용은 다음 논문을 참조하였다. 한현정, 「1930년대 일본 생활 글쓰기 교육운동과 그 영향 연구」(『한국교육사학』 제46권 제 2호, 2024)

12 보다 자세한 내용은 다음 두 논문을 참고할 수 있다. 이기훈, 「일제하

일본의 경우 1930년대부터 전후의 생활글쓰기, 생활기록, 생활기록운동을 잇는 두꺼운 역사가 존재한다. 1980년대 변혁 운동의 기운으로 가득했던 한국과 마찬가지로 1950년대 일본에서도 많은 노동자들이 시를 썼지만 그들이 썼던 산문을 '문학'의 프레임으로 가두지 않고 '생활기록'이라는 관점으로 역사화했다는 점을 주목하고 싶다. 일본 문학사에 기입되지 않았음에도 생활기록운동의 역사의 결은 다채롭고 두껍다. 반면에 한국의 경우 '민족문학', '민중문학', '노동문학'이라는 문학 제도 문맥 안에서만 노동자 글쓰기가 논의되어 왔다. 이는 '문학'이라는 프레임 없이 그들의 글쓰기를 의미화할 수 있는 장치가 부재하다는 것을 반증하는 것이기도 하다. 여기에 또 다른 이유 한 가지를 덧붙일 수 있다. 자유로운 의사표현이 이루어지지 못한 상황에서 문예(문학)라는 형태로 글쓰기 교육이 왜곡된 배경엔 한국전쟁 이후 이념적 갈등에 따른 정치적 상황과 이어서 생각해봐야 한다. 이념 갈등과 분단으로 인해 남측이든 북측이든 자유로운 의사표현이 봉쇄된 상황에서 학교 또한 예외일 수 없었다. 자신의 생각과 느낌을 자유롭게 표현하는 것이 정치적인 이유로 제약된 상황 속에서 문학은 중요한 (우회) 표현 수단이었고 아이들의

농촌보통학교의 '졸업생 지도'」(『역사문제연구』 제 4호, 2000), 박철희, 「일제강점기 중등학생의 일기를 통해 본 식민교육」(『교육사회학연구』 제 26권 제 2호, 2026)

글쓰기 또한 어른들의 문학을 흉내내는 방식으로 흘러간 것으로 보인다. 그런 까닭에 한국전쟁 이후 글쓰기 교육은 '문학'이 지배하는 양상을 가질 수밖에 없었다.

(제도)문학으로 수렴되지 않는 글쓰기 역사를 논하는 데 1930년대와 1950년대 일본 노동자들의 생활기록 운동과의 연관성은 더 다양한 사례를 매개로 비교·분석되어야 하겠으나 정치·사회·문화에서 민주주의 체제를 다지는 과정 안에서 양국의 시민·노동자가 중심이 되었던 생활 글쓰기가 중요한 동력으로 자리하고 있었던 것은 우연이 아니다. 이제 한국에서 글쓰기 문화가 이어지지 못했던 까닭을 문학사 공백이라는 관점뿐만 아니라 동아시아 냉전체제라는 세계사 전환이라는 흐름 안에서 함께 살펴야 할 이유가 있는 것이다.

4. 머물기, 되풀이하기, 글쓰기

이오덕은 오랫동안 기존 문학이야말로 모든 이의 글, 말, 마음을 망친다고 이야기해왔다. 그렇게 말한 까닭은 작가들이 쓴 문학이 공허하고 텅 빈 말로 채운 꾸며 쓰기이기 때문이고, 흉내 내기이기 때문이며, 진실된 삶을 담아내지 않기 때문이다. 『일하는 아이들』은 당시에도 널리 읽혔고 지금까지도 계속 읽히는 책이지만 어떤 면에선 이 책을 제대로 읽어내지 못하고 있다고도 말할 수 있다. '일하는 아이들'은 가난하고 불쌍한 아이가 아니며, 어려운 환경 속에서도 꿋꿋이 견디며 내일을 위해 노력하는 '근면 성실한' 아이를 가리키지 않는다. '일하는 아이들'이란 스스로 삶을 일구는 이를 가리키는 말이다. 말하자면 '노동'이나 '근로'로만 바라봤던 자리에 '일'을 놓아둔 셈이다.[13]

그러나 나는 믿는다. 사람은 처음부터 일을 하면서 살게 되어 있고, 그 일을 하기만 하면 모두가 튼튼해지고 착해지고 행복해진다는 것을. 그것은 아이들 세계를 보면 곧 알 수 있다. 일과 놀이와 공부가 하나로 된 아이들 삶을 보면 사람은 틀림없이 축복받은 생명이다. (중략) 나는 오늘날 사람 사회의 온갖 엉클어진 문제를 푸는 아주 손쉬운 진리를 알고 있다. 그것은 바로 모든 사람이 즐겁게 일하는 사회를 만드는 것이다. 모두가 평생을 온 정성을 기울이며 즐겁게 일

---

13 『고려사』, 『조선왕조실록』에서부터 『경향신문』에 이르기까지 노동이라는 개념이 형성되어간 궤적을 쫓은 김경일은 '근로'가 일반적이고 일상적이며 때로는 국가기구나 공식 제도와의 연관에서 사용되는 경향이 있는 반면 '노동'은 특정 맥락에서 이념적이고 진보적이거나 때로는 사회운동의 맥락에서 사용되면서 보수적 체제나 제도에서는 기피하는 용어가 되었다고 말한다. 이러한 점에서 '근로'라는 말이 운동이라는 용어와 결합하는 것은 매우 드물고 또 어색하지만, '노동'은 자연스럽게 결합되면서 사회운동이나 진보를 함축하는 일정 분위기를 연상시키는 효과를 갖게 되었다는 것이다. 김경일, 『노동』, 소화, 2015, 214~215쪽.

할 수 있는 그 일을 한 가지씩 찾아내게 하는 것이 교육 목표가 되어야 한다. 그래서 일과 놀이와 공부가 하나로 된 아이들 삶을 어른이 되어도 그대로 이어가고, 그래서 평생을 그렇게 살아간다면 지금까지 우리 사람들이 개인으로나 사회로나 안고 있던 모든 문제들이 시원스럽게 풀어진다.[14]

'일하는' 아이들은 놀이하는 아이며, 하루도 쉬지 않고 일하는 부모 곁에서 손을 보태며 일을 배우고 돕는 아이다. 평생을 아이들 곁에서, 아이들과 함께 하루를 꾸렸던 이오덕은 아이들의 행동을 관찰하면서 일과 놀이가 따로 나누어져 있지 않다는 걸 일찌감치 알아차렸다. 그런 까닭에 청소 시간이야말로 함께 어울려 일과 놀이가 함께 이루어지는 가장 효과적인 교육 현장이기에 학교에서 이루어지는 학습이란 "놀이와 일을 하나로 체험하는 참된 노동의 경험을 쌓게 하고, 개인과 전체의 관계를 생각하게 하며, 사회의 문제를 공동으로 협의하여 실천 해결하게 하는 가장 귀중한 시간"[15]임을 거듭 강조한다.

『비바람 속에 피어난 꽃』을 묶었던 편집자는 이 책이 『일하는 아이들』에 기대고 있다고 말했지만 두 책은 10대 아

---

14 이오덕,『내가 무슨 선생 노릇을 했다고』, 삼인, 2005, 17~18쪽.
15 이오덕,『삶과 믿음의 교실』, 한길사, 1979, 15쪽.

이들이 쓴 글이라는 커다란 공통점보다 '일'과 '노동'이 갖는 차이가 더 도드라지는 책이라고도 할 수 있다. 『비바람 속에 피어난 꽃』이 노동/근로하는 10대를 다뤘다면 『일하는 아이들』은 논과 밭일을 하는 부모 곁에서 일을 도우며 삶을 일구는 이야기로 가득하기 때문이다. 그 당시엔 모두가 '사람 노릇을 하기 위해선 도시로 나가야 한다'고 생각했지만 1950년대 후반부터 1970년대 후반까지 아이들이 쓴 시를 묶은 『일하는 아이들』엔 어딘가로 떠나지 않고 여기에 머물며, 이곳을 가꾸고 일구는 이야기라는 점을 주목해야 한다. 어찌 보면 『비바람 속에 피어난 꽃』은 농촌에 깃든 작은 분교를 다니던 아이가 도시로 나가 어린 '노동자'가 되어야 했던 형편을 고스란히 담아내고 있다고도 할 수 있다. 그건 '일'을 바탕으로 꾸밈없이 삶을 그려내는 글쓰기가 도시로 나가 '노동자'가 됨으로써 문학에 가까운 글을 쓰려고 애쓰는 방향으로 변해가는 모습을 확인하는 일이기도 하다. 시골 분교에서 시를 썼던 아이가 삶터를 떠나 어떻게 지내는지 이오덕이 쓴 또 다른 책에서 그 소식을 듣게 된다.

    까만 새가
    낮에는
    돌다물에 들어가 있다가
    밤이 되면

아무도 모르게

남의 집 양식을

후배 먹고

배가 등등 하면

저 먼 산에 올라가

하늘을 구경한다.

그러다가

하늘로 올라가서

달과 별과 춤을 춘다.

—안동 대곡분교 3년 정부교, 「까만 새」(1968년 12월 11일),
『일하는 아이들』[16]

---

16 "아주 어린 아기들뿐 아니라 학교에 다니는 아이들도 까만 색을 싫어하고 까만 새를 꺼림칙스럽게 여기는데, 산골 아이들은 오히려 까만 새를 동정하고 친근하게 여긴다. 이 아이는 깊은 산골짜기에서 어머니와 고된 밭농사를 지으면서 가난하게 살았는데, 학교도 결국 초등학교 3학년을 마치는 것으로 끝냈다. 이 작품에는 가난 속에 살고 있는 지은이의 마음의 세계가 그려져 있다. 낮에는 돌다물 속에 들어가 숨었다가 밤이 되면 아무도 모르게 남의 집 양식을 훔쳐 먹고 산다고 하는 까만 새의 모습은 산골에서 언제나 먹을 것을 걱정하면서 살아가는 지은이 자신의 모습이고, 하늘로 날아 올라가 달과 별과 춤을 춘다는 것도 지은이의 마음 바닥에 깔려 있는 슬프고 아름다운 세계다." 이오덕, 「까만 새」시 뒤에 덧붙인 쪽글. 이렇게 학생 글 뒤에 쪽글을 덧붙이는 방식은 일본 민간 글쓰기 교육에서 교사가 학생 글을 읽고 감상 및 지도 방향을 남기는 방식으로부터 영향을 받은 것으로 보인다.

이오덕은 부산과 대구에서 교사 생활을 하다가 도무지 견딜 수 없어 다시 시골 분교로 전근 신청을 해 돌아간다. 그렇게 돌아간 학교는 10년 전 3년 동안 근무했던 학교였는데,『울면서 하는 숙제』엔 실로 많은 것이 변해버린 시골 분교에 대한 이야기를 확인할 수 있다. 그 가운데『일하는 아이들』에 「까만새」, 「소나무」, 「산과 안개」라는 시를 썼던 정 부교에 관한 이야기도 잠시 나온다.

어제는 길에서 부교(『일하는 아이들』에 나오는 「까만 새」를 쓴 학생) 아버지를 만났습니다. 초등학교를 졸업한 부교 형제들도 모두 부산에 가 있다 합니다.
"부산 가서 뭘 합니까?"
"철공소에서 일한답니다."
"일이 고될 텐데요?"
"그렇다고 해요. 새벽부터 밤까지 일을 하는데, 더구나 벌겋게 달은 쇳덩어릴 다루자니 눈이 나빠지고 손도 가끔 딘다(덴다) 하데요."
"한달에 얼마쯤 받는답디까?"
"뭐, 겨우 입 벌이나 하는 기죠."
"그럼 그런 곳에서 몸 다쳐 가면서 고생하지 말고 집에 와서 부모님 모시고 농사일하도록 하지 왜 그대로 둡니까."
"암만 여기 있으라 해도 기어코 가니 어쩨요."

이때 옆에서 듣고 섰던 어른 한 분이 이런 말을 했습니다.
"그래도 **도시에 살아야 사람 노릇 해요**. 저는 고생을 해도 장차 크는 자식들은 희망이 있지요."

—이오덕, 『울면서 하는 숙제』, 산하, 1990, 128~129쪽(강조 인용자).

「까만 새」를 썼던 정부교는 시골을 떠나 도시로 가 노동자가 되었다. 그렇게 해야만 '사람 노릇'을 할 수 있다고 믿었기 때문이다.[17] 『비바람 속에 피어난 꽃』은 그저 어려운 환경 속에서도 꿈을 잃지 않고 꿋꿋하게 어려움을 이겨내는 10대 노동자의 삶을 담은 책으로 읽어왔지만 『일하는 아이들』과 나란히 놓아둔다면 사람답게 살기 위해 삶터를 버리고 도시로 내몰려야 했던 가난한 사람들이 정처없이 휩쓸려간 사정이 더 도드라진다. 「까만새」를 썼던 정부교가 도착한 부산에

---

17 또 다른 책에선 다음과 같은 슬픈 소식이 적혀 있다. "최근 나는 내가 약 10년 전 어느 산골 분교장에서 3년 동안 가르친 아이들의 뒷소식을 듣고, 내가 하고 있는 교육에 대해 절망을 품고 괴로워해왔다. 모두 성년이 된 그 아이들은 대부분 도시로 가버렸다. 살기 힘든 벽촌을 버리고 도시로 가는 일이야 어찌 하겠는가만, 그중에서 내가 가장 믿었던 두 아이―깊은 산골 외딴집에서 자라나 그 마음들이 마치 산 속의 꽃처럼 곱고 순진하다고 생각되었고 시를 잘 쓰고 성실하게 살아가던―이 두 아이만은 어떤 비바람에도 꺾이지 않고 끝까지 아름답고 참된 동심을 지켜 나가리라고 믿었던 그들이 모두 도시로 가서, 한 아이는 ㄷ시의 경찰의 신세를 지고 있고, 또 한 아이는 ㅂ시에 가서 자살을 했다는 소식이다." 이오덕, 『삶과 믿음의 교실』, 앞의 책, 117쪽.

서 어느 야학에 들어갔다면 그곳에선 어떤 글을 썼을까.

『일하는 아이들』에서 새삼 다시 읽어야 하는 건 아이들의 힘겨운 노동이 아니라 일과 더불어 살아가는 삶과 즐겁게 꾸리는 살림이다. 일한다는 건 주변을 살피며 두루 어깨동무하며 하루하루를 짓는다는 뜻을 품고 있다. 그 살림 안엔 학교와 집이 이어지고, 교실과 논밭이 이어진다. 이 글 맨 앞에 걸어두었던 「아기 업기」가 이런 살림과 잇기를 잘 보여준다. 이오덕은 이 시에서 '등때기가 없는 것 같다'는 말에 대해 아기를 업어본 사람이 아니면 느낄 수도 쓸 수도 없는 표현이라는 말을 덧붙여놓았다. 예전엔 농촌 아이들에게도 제 몸에 맞는 지게가 있었다는 걸 떠올려본다면 부모가 논밭 일을 하러 나간 동안에 아이는 집에서 동생을 업으며 짐 지는 일을 일찌감치 해왔다는 걸 짐작할 수 있다. 종일 우는 아이를 달래려 골목 여기저기를 업고 돌아다녔던 까닭에 등엔 땀이 맺혔거나 이미 흠뻑 흘렀을 것이다. 잠든 아기를 조심히 마루에 내려놓을 때 등허리를 바람이 가르며 지났을 테고, 그때 '등때기'가 없다는 생각이 들 정도로 시원함을 느끼지 않았을까. "등때기가 없는 것 같다"는 살아 있는 말엔 스스로 지어 쓰는 사투리가 담긴다. 누군가가 알려 주거나 따라해야 하는 (표준)말이 아니라 보고 듣고 느끼는 동안 배우고 익힌 이치가 사투리라는 살림말에 쟁여 있다.

지금까지 우리가 쓰고 읽었던 글은 '저기 너머'로만 가려고 하지 않았나. 여기에 머무르며 삶터를 일구는 (살림)글엔 서로를 북돋으며 둘레를 일으킬 수 있는 힘이 깃들어 있다. 일구는 일이란 무언가를 새롭게 시작하기보단 되풀이한다는 뜻이다. 되풀이는 오래 듣고 보고 느끼고 생각한 바를 바탕으로 한다. 새로움을 찾아 낯선 곳을 향해 나아가는 걸음이 아니라 터한 곳에서 배우고 가르친 것을 바탕으로 주변을 가꾸고 돌보는 일과 이어진다. 살림을 꾸리며 터를 다지고 일을 한다는 건 그야말로 되풀이를 이어간다는 뜻이다. 되풀이한 것만 아낌없이 내어놓고 나눌 수 있다. "일하지 않는 사람들의 게으른 삶을 표현한 문학은 일하는 사람들을 따돌리지만, 일하는 사람들의 삶을 표현하는 문학은 일하지 않는 사람도 함께 불러 사람다운 삶으로 돌아오도록 한다."[18] 떠나지 않아도 되는 삶과 글쓰기, 머물며 일구고 어울리며 터를 다지는 삶과 글쓰기가 곳곳에 깃들어 넉넉하게 퍼져나가기를 바라는 뜻을 담아 이 글을 내어놓는다.

18　이오덕, 「형식에 얽매이지 말자」, 이오덕·윤구병·서정홍·이성인·원종찬·이재관·박영숙, 『일하는 사람들의 글쓰기』, 보리, 1996, 84쪽.

김대성
비평가. 비평집 『무한한 하나』(2016)와 『대피소의 문학』(2019)을 펴냈으며 1인 출판사 '곳간'을 꾸린다. 『문학/사상』 편집위원으로 활동한다. smellsound@empas.com

♪ 소설

저 멀리

강이나

 일요일 오전, 이수와 주연은 아이의 손을 양쪽에서 하나씩 잡고 리빙 디자인 페어가 열리는 전시관으로 향했다. 전시관은 도시의 북쪽 끝에 위치한 컨벤션 센터 안에 있었다. 무엇인가를 관람하는 것에는 관심이 없었지만 부엌 용품에는 관심이 많았던 주연이 남자 둘을 데리고 나선 길이었다. 이수는 운전을 해줄 수 있는 것만으로도 좋다고 하였고, 아이는 같이 놀러 가는 것만으로도 좋은 것 같았다. 그날을 떠올리면 뚜렷하게 기억에 남을 만한 추억은 없었다. 다만 그때 사가지고 온 물건이 그날 그곳에 갔었던 사실을 증명해주며 싱크대 선반에 놓여 있다.
 전시를 보고 나오던 주연이 출구 바로 옆 작은 부스 앞에 멈춰 섰다. 전시회에 출품된 작품과 똑같은 물건을 판매하는 부스였다. 주연의 눈길을 잡아끈 것은 하얀 바탕에 아랫부분이 파란색으로 그러데이션 된 밥그릇과 국그릇 세트였다. 구성원 간 적당한 거리를 유지하며 살아가는 어느 핵가족의 깨끗한 부엌과 담백한 식사를 연상시키는 그 그릇이 주연의 마음을 빼앗았다. 디자이너의 작품인 만큼 식기 가격치고는 고가였다. 주연은 높은 가격에 잠깐 멈칫했지만 이내 주문을 했다.

-시멘트로 만들었다는 건 아무도 모를 거예요.

직원이 포장된 그릇을 내밀며 말했다.

-시멘트요?

-대단하죠? 시멘트로 이런 식기를 만들다니요.

-시멘트?

주연은 생각지도 못한 시멘트라는 말에 받아 들었던 그릇을 다시 내밀 뻔했다. 사용하다가 환불을 요청하는 것도 아니고 포장된 것을 물리는 것뿐이니 지금이라도 구매 의사를 철회할 수는 있을 것이다.

-걱정 마세요. 독을 완전히 제거했기 때문에 인체에는 무해하니까요.

직원이 주연을 보며 해맑게 웃었지만 주연은 웃을 수가 없었다. 주연은 그 식기를 무겁게 받아들고 집으로 돌아왔다. 이수가 아이를 데리고 주연의 집에 오는 날이면 그들은 그 그릇에 밥과 국을 담아달라고 했다. 이게 시멘트로 만든 그릇이란 말이지! 이수는 밥을 먹을 때마다 감동했고, 아이는 시멘트로 만들었다는 것이 무슨 의미인지 모르는 듯했지만 아빠를 따라 와, 와, 했다. 하지만, 주연은 그것을 사용하지 않았다. 시멘트는 벽을 쌓거나 다리를 놓는 데 쓰는 것인데…. 독을 제거하면 시멘트가 밥그릇과 국그릇을 만들어도 되는 다른 어떤 것이 되는 것일까.

 독을 제거해야 하는 식재료는 거의 쓰지 않았다. 감자 싹이 났을 때 감자를 통째로 버릴지 싹 부분만 도려낼지에 대한 의견이 분분했던 일은 몇 번 있었지만 대개는 명주 여사님의 지시에 따라 버리기도 하고 사용하기도 했다. 많이 넣으면 다 독이지 독 아닌 게 어딨어? 이렇게 말한 사람은 명주 여사님이다.
 -그렇다고 그렇게 싹 우려내 버리면 그게 음식이야? 맹탕이지.
 버섯전골에 우엉을 식재료로 사용하던 날이었다. 신입조리원이 한참 동안 우엉을 물에 담가두었다가 새까맣게 된 물을 버리고 다시 새 물을 받아 담가두려고 하자 명주 여사님이 손사래를 치며 신입조리원을 나무랐다.
 -물에 살짝 씻기만 해도 돼. 떫은맛도 맛인데 그렇게 싹 우려내면 그게 무슨 우엉이야?
 떫은맛을 제대로 제거하지 않으면 음식 맛을 버린다는 교과서적인 내용과 달리 명주 여사님의 시계에 맞춰 물에 살짝 담갔다가 조리를 하면 우엉 본연의 맛이 훨씬 풍부하게 느껴지는 것은 사실이었다. 명주 여사님은 계량컵으로는 설명되지 않는 손맛을 믿는 사람이었고 그렇게 조리한 음식을 내놓으면 누구든 불평 없이 맛있게 먹었다. 조리실에서 권력자는 맛을 내는 사람이었고 주연은 그 사실을 기꺼이 받아들였다. 언제나 부엌에서만큼은 최고의 권력자였던 엄마처럼.

엄마는 재료를 아끼는 주부가 아니었다. 좋은 결과물을 미리 예측하고 조리 과정에서 일어나는 손실은 기꺼이 감수할 줄 아는 지혜로운 사람이었다.

-아끼는 게 다 좋은 건 아니다. 껍질을 얇게 깎는 게 무조건 미덕은 아니라고.

-그럼?

-껍질 조금 아끼려다가 음식을 통째로 망친다니까.

-아끼지 말라고?

-아껴야지. 아낄 것을 아껴야지.

-어렵네.

-성질을 알면 어렵지도 않아. 한 몸같이 보여도 위아래 성질이 다르니까.

엄마는 무청이 달린 부분과 하얀 뿌리 부분을 가리키며 음식마다 들어가는 부위가 다르다고 하였다. 주연도 잘 알고 있었다. 하지만 무조림을 할 때 껍질을 두껍게 깎아야 한다는 것은 알지 못했다. 껍질과 과육의 익는 시간이 달라 과육이 알맞게 익으면 껍질은 딱딱하고, 껍질이 익으면 과육은 너무 익어버리니 밸런스를 맞추기 위해서는 껍질을 두껍게 깎아야 한다는 것이다. 엄마는 어디서 이런 것들을 다 배웠을까. 주연은 엄마의 입에서 나오는 말을 한마디도 놓치지 않으려고 노력했다.

-심줄 보이지? 이 안쪽까지 깎으면 돼. 아까워 말고. 음식을 해서 버리는 것보다 재료를 조금 버리는 게 낫지 않겠니?

아, 주연은 고개를 끄덕거렸다. 음식을 다 해서 버리는 것보다는 재료를 조금 버리는 것이 훨씬 경제적이지만 주연은 음식을 다 한 뒤 버리는 쪽을 택하는 타입이었다. 어떻게 될지 모르니 조리를 해보자는 식이었다. 그런 주연이 이수와의 관계에서는 그렇지 못했다. 이수는 틈틈이 시를 쓰고 있었다. 써놓은 시가 많다고 하였다. 시립도서관에서 실시하는 글쓰기 강좌에 자주 참여했고, 함께 시를 쓰면서 서로의 시를 합평해주는 모임에도 주기적으로 나가고 있었다.

-푸에고섬의 토인들이 사용하는 말 중에 일곱 개의 음절로 된 하나의 낱말이 있어. 두 사람이 원하고는 있지만 자기로서는 하고 싶지 않은 일을 상대방이 하겠다고 나서기를 바라면서 서로 바라보고 있다, 라는 뜻의 낱말, 뭘까?

이수가 작은 수첩을 들여다보며 주연에게 물었다. 이수의 수첩에는 많은 것이 적혀 있었다. 일기를 적을 때도 있고,

전화를 받으면서 메모를 할 때도 있고 신문이나 뉴스를 보면서 알게 된 새로운 정보를 적어놓을 때도 있었다.

　-저 멀리.

　한참 동안 주연의 대답을 기다리던 이수가 말했다.

　-저 멀리?

　-저 멀리, 라는 단어를 그 섬나라 사람들은 이렇게 길게 말한대.

　-너무 길어서 일생에 한 번도 쓸 일이 없을 것 같아.

　-그러게 말이야. 일생 동안 한 번도 쓸 일이 없으면 얼마나 좋을까?

　그때 주연은 이수에게 약속하고 싶었다. 그렇게 만들어줄게, 라고. 이수는 이혼한 뒤 어린 아들을 양육하고 있었다. 주중에는 이수의 부모님이 아이를 돌봤고 주말에는 이수가 아이를 보는 식이었다. 아이를 데려오는 주말이면 이수는 갈등했다. 주연을 만날지 아이와 시간을 보낼지 우선순위를 정해야 했고 차순위로 밀린 사람에게는 사과를 해야 했다. 다음 주에는 꼭 함께 시간을 보내자. 이수의 그 말이 주연에게 헛되게 들린 것처럼 아이도 이수의 말에서 오지 않을 것 같은 미래를 억지로 찾으며 눈물을 참았을 것이다.

　-같이 만나.

　-괜찮겠어?

　-언젠가는 만나야 될 사이잖아. 아이만 괜찮다고 하면

나는 좋아.

-당연히 좋아할 거야.

-어떻게 알아?

-내가 아빠니까.

주연은 이수에게 좋은 아빠가 분명하다고 말해주었다.

-고마워.

이수는 기분이 좋은 것처럼 말이 많아졌다. 주연이 전처와는 다른 여자라서 좋다, 라고 했고 영양사니까 가족의 건강 걱정은 하지 않아도 되겠다, 라고도 했다. 이수는 들뜬 사람처럼 보였고 자주 주연의 표정을 살폈다. 아이한테 좋은 엄마가 될 게 분명하다, 라고도 했다.

-601호가 병원장님을 찾아갔대요.

점심 배식 준비를 마친 뒤 식당 한쪽에 자리를 잡고 앉았을 때였다. 신입조리원이 비닐봉지에서 귤을 꺼내며 말했다.

-미화원 언니들이 청소하다가 봤대요.

-또 601호야?

명주 여사님도 들은 게 있는 것 같았다.

-이런 일이 또 있었어요?

신입조리원이 묻자, 명주 여사님은 특이한 산모는 언제나 있는 거라고, 대수롭지 않은 일이라고 했다. 길어도 2주일이면 나갈 사람들인데, 평생 여기서 살 것처럼 항의를 한 단 말이야. 하긴 어디서나 열심인 사람들이 있으니까. 명주 여사님이 귤을 하나 까서 입에 넣으며 말했다. 끝 맛이 시큼한지 미간을 찌푸리며 고개를 심하게 흔들었다.

−모유가 제대로 안 나오는 601호한테 간호사가 짜증을 냈다고 하더라구요. 아기가 엄마 젖을 못 먹으니까 살이 안 오른다면서요. 간호사가 자신을 짐짝처럼 취급했다고 울고불고 난리를 쳤대요. 그 간호사를 데리고 와서 사과시키라고 했다는데요.

−간호사 누구?

명주 여사님이 물었다.

−모르죠. 601호 말이 사실인지도 모르겠어요. 하도 따지고 드니까 병원장님도 그냥 알았다고, 조치하겠다고 하고는 돌려보냈대요.

601호는 마흔네 살에 첫 아기를 낳은 산모였다. 산모는 건강했지만 아기는 어깨에 커다란 반점을 가지고 태어났다. 601호 산모는 그것 때문에 예민했고 수시로 병원 안을 돌아다니며 간호사와 의사에게 날카롭게 따졌다. 출산 과정에서 잘못된 것이 있는 것은 아닌지, 출산 과정을 찍은 CCTV가 있는지, 그런 것도 안 찍어두면 자기처럼 의료사고가 생겼을 때 어떻게 하느냐고 병원 사람들을 붙잡고 항의를 했다. 601호가 화를 낸 건 음식 때문이 아니었다. 조리실하고는 상관없는 항의였지만 주연은 601호 산모에게 신경이 쓰였다. 직원들이 모두 퇴근한 조리실에서 주연은 아기에게 젖을 먹이려고 애쓰는 산모를 떠올렸다. 반점이 있는 아기의 어깨를 어루만지며 젖을 먹이려고 애쓰는 엄마. 주연은 얼굴도 모르는 601호에게 무엇인가 좋은 것을 먹이고 싶었다.

엄마한테 맛있는 걸 대접하고 싶다고 했다. 주연이 엄마와 함께 살게 된 뒤로 오빠 내외가 엄마를 모시고 외식을 하는 것은 이번이 처음이었다. 엄마가 뭘 좋아했지? 엄마가 좋아할 만한 식당으로 가고 싶은데 고를 수가 없어. 오빠가 말했다. 엄마가 음식을 먹는 모습이 떠오르질 않아. 지금까지 엄마하고 수없이 밥을 먹었는데 엄마가 먹는 모습을 한 번도 본 적이 없는 것 같아. 내 기억 속에 왜 그 장면이 없는 거지? 주연도 같은 생각을 했다. 불과 몇 시간 전에 엄마와 마주 앉아 밥을 먹었는데 엄마가 먹는 모습을 그려보려고 하자 잘 되지 않았고 엄마가 음식을 맛있게 먹었던 기억이 떠오르지 않았다.

[엄마 모시고 나와] 오빠 내외가 집 앞에 도착했다고 문자를 보내왔다. 주연이 외투를 걸치며 거실로 나왔을 때 집 안이 엉망이라는 것을 깨달았다. 오빠가 기다리고 있었지만 주연은 외투를 벗고 분리수거를 시작했다. 플라스틱과 유리병과 종이를 분류하여 현관에 하나씩 내놓았고 일반 쓰레기

봉투까지 내놓았을 때 외투와 모자를 쓴 엄마가 주연을 바라보고 있었다. 주연이 벗어두었던 외투를 다시 입고 분리수거한 박스와 플라스틱이 든 비닐봉지를 한꺼번에 들어보려고 애쓰고 있을 동안에도 엄마는 가만히 서 있었다. 그러다가 문득 생각이 난 것처럼 텔레비전 옆에 놓인 액자를 들여다보더니 우리 사진이네. 아빠도 있어. 오빠도 있고, 하고 중얼거렸다. 그리고는 이렇게 물었다.

-아빠는 어딨어?

엄마의 불분명한 발음을 제대로 알아듣지 못해 주연은 몇 번을 더 물은 다음에야 엄마의 말이 무슨 뜻인지 알아들었다. 닫힌 방 중 어딘가에 아빠가 있다고 할지 잠깐 생각했다. 하지만 아빠는 이미 죽었고 엄마는 왜 자꾸 그 사실을 잊어버려서 딸의 속을 태우느냐고 소리를 지르고 싶기도 했다. 주연은 들고 있던 박스와 플라스틱을 던지듯 내려놓았다. 빈 플라스틱 쓰레기가 바닥에 떨어지면서 큰 소리가 났지만 엄마는 들리지 않는 사람처럼 사진과 탁자 위에 쌓인 먼지에 신경을 쓰고 있었다. 엄마는 그런 사람이 아니었다. 주연이 신발을 신기 편하도록 바깥으로 놓아주던 사람이었고 짐을 드는 척만 해도 달려와서 뺏어 들며 무거운 걸 들지 못하게 하는 사람이었고, 도와달라고 말하는 것이 세상에서 가장 힘든 말이라는 것을 누구보다 잘 알기에 도움을 요청하지 않아도 도와주는 사람이었다. 그런데 이제는 아무것도 알지 못하는 사람이 되어 있었다. 주연은 짐이 많고 무거워서 화가 났고 화가 나서 울고 싶었다. 주연은 다시 쓰레기를 끌어모아 챙겨 들고 문을 열고 집을 나섰다. 엄마는 유유히 거실을 오가며 사진을 구경하고 있었다. 얼른 나와, 엄마. 이 말을 하는 것이 힘에 겨워 주연은 잠깐 그 시간을 정지시켰다. 아무것도 하지 않고 아무 말도 하지 않았다. 숨도 쉬지 않은 채 꾹 참았다. 엄마를 두고 가도 된다면 그렇게 하고 싶었다. 이대로 이수에게 달려가 시멘트로 만든 그릇에 밥과 국을 담아 우리 셋이 먹자고 말하고 싶었다. 후, 주연은 참았던 숨을 토해냈다. 멈추었던 시간이 다시 흘렀다.

-엄마, 얼른 나와.

엄마는 천천히 현관으로 나와 느긋하게 신발을 신었고 가방을 크로스로 맨 채 두 손을 나풀거리며 주연을 향해 웃었다.

-엄마.

주연은 엄마, 하고 몇 번이나 소리내어 엄마를 불렀다. 하지만 엄마는 아무것도 듣지 못한 사람처럼 가볍게 걸어갔다. 나풀나풀 걸을 때마다 엄마의 발에서 신발이 미끄러지듯 벗겨졌다. 엄마는 주연의 신발을 신고 있었다. 주연은 자신의 신발을 신은 엄마를 보면서 며칠 전 화장실 문을 열어둔 채 화장실 바닥에 앉아 소변을 보던 엄마의 모습을 떠올렸다. 엄마는 점점 모든 것이 아무렇지 않은 사람이 되고 있었다. 그 모든 걸 바라보는 것은 주연의 몫이었다. 이수와도 나눌 수 없는 것이었다.
　주연이 엄마와 함께 살게 된 것은 누구의 강요도 아니었다. 자연스럽게 그렇게 된 것인데, 종종 주연은 떠맡았다, 라는 단어를 떠올리는 자신을 증오했다. 새언니는 시간을 낼 수 없으니 돈을 보태겠다고 했다. 어머님은 착한 치매인 것 같아요. 얼마나 다행이에요. 착한 치매라는 말은 호상이라는 말처럼 위로가 되지 않는 말이었다. 엄마가 깜빡깜빡하는 것을 알게 된 것은 오래 전이었지만 치매라고는 생각하지 못했고, 주연이 치매에 걸린 엄마와 살게 될 것이라는 생각은 더더욱 하지 못했다. 이수와 같이 사는 상상만을 했던 주연이었다.
　오빠 내외가 엄마와 시간을 보내는 동안 주연은 이수와 단둘이 만났다. 아이와 함께 만나기 시작한 뒤로 셋이 만나는 날이 많았지만 아이를 빼고 만나는 주말도 있었다. 단둘이 만났을 때 이수는 아이에게 동생이 생기면 어떨지에 대한 이야기를 했다. 그 말이 너무 다정해서 주연은 이수를 놓아주지 않았고 영원히 행복하게 해줄게, 라는 말을 하고 싶어서 견딜 수가 없었다. 크리스마스를 맞은 것처럼 다른 날들은 모두 잊어버렸다. 이수는 아빠의 시를 들으며 말을 배우는 아이를 상상해보았다고 했다. 주연은 이수의 모든 시간과 공간에 자신이 존재하는 것 같아서 좋았다. 하지만 엄마와 함께 살게 되면서부터 모든 것이 변했다. 이수와 아이를 집으로 부를 수 없어 밖에서 급하게 식사를 하고 헤어져야 했던 것은 아무것도 아니었다. 모든 행동이 조금씩 성질을 달리했고 조금도 힘들지 않았던 일을 할 때조차 애를 써야 했다.

-다음에는 같이 만나.

오빠가 엄마를 데리고 집으로 오기 전에 서둘러 돌아가야 한다고 했을 때 이수가 말했다.

-엄마하고 같이?

-언젠가는 만나야 될 사이잖아. 어머님만 괜찮다면 나는 좋아.

주연은 이수에게 미안한 마음이 들었다. 고마운 마음이 더 컸다.

-엄마가 좋아할지 모르겠어. 물어볼게.

-당연히 좋아하실 거야.

-당연히?

딸이 만나는 남자가 이혼하고 아이를 양육하고 있긴 하지만 치매에 걸린 노모를 봉양하는 처지는 아니므로 좋아할 것이라는 뜻인가. 주연은 순간적으로 이수와 멀어진 것 같았다.

-아이는 부모님 댁에 맡기면 돼. 엄마가 아이 데리고 놀이동산에 가고 싶어 했거든.

-나이가 있으니까 잘 챙겨드려.

-나보다 더 건강한 분이야.

-우리 엄마도 이렇게 될 줄 몰랐어. 그래서 하는 말이야.

-아빠가 있으니까.

이수의 부모님은 아이를 봐줄 정도로 건강했고 아이를 데리고 놀이동산에 갈 정도로 활기차게 생활했으며 여전히 운전이나 장거리 여행도 가능했다. 한 번도 만난 적 없는 이수의 부모님이 건강하다는 사실에 주연이 왜 마음이 꼬이는지 알 수 없었지만 그날 이수와 헤어질 때까지 이수의 눈을 제대로 바라보지 않았다. 주연이 마음이 꼬인 것도 있었지만 이수 역시 다른 날과는 달랐다. 아이를 데리고 주연을 만날 때와는 분명 달랐다. 다른 표정이었고 다른 말투였다. 주연이 엄마만 아니었다면 그날의 이수를 보면서 멋있다고 여겼을 것이다. 무난하고 화목한 가정에서 자란 티가 나는 자신감 넘치는 남자로 보였으니까. 그런 남자와 가정을 꾸리고 아이를 낳을 상상을 하면서 행복해했을 것이다. 하지만 그날의 이수에게 주연은 아무 말도 하고 싶지 않았다. 그 순간 주연에게 이수는 또 다른 엄마였다. 주연에게 엄마는 언제까지나 풀 수 없는 어려운 문제였고, 그 문제해결에 참여하지 않는 이수 역시 또 하나의 문제가 돼버린 것 같았다.

주연이 601호에 직접 배식을 하겠다고 한 것은 즉흥적이었다.

오전 간식 배식을 마친 뒤 휴식을 취하던 중 601호 이야기가 나왔고 주연은 계속 601호 산모에게 신경이 쓰이던 참이었다. 흑미밥과 들깻가루를 넣은 미역국, 소고기로 속을 채운 표고버섯전과 물엿을 넣지 않고 부드럽게 무친 명엽채볶음, 부추와 숙주를 넣은 오리불고기와 시금치 프리타타, 그리고 바나나와 요거트까지 곁들인 점심 식판을 들고 601호로 향했다. 엘리베이터를 타고 6층으로 올라가는 동안 쟁반에 놓인 플라스틱 식기들을 내려다보았다. 식기는 뚜껑이 덮여 있었지만 어떤 음식이 어떤 그릇에 담겨 있는지는 다 알 수 있었다. 밥과 반찬들이 어떤 과정을 거쳐 식판에 올려졌는지도 다 알고 있었다. 그래서 뿌듯했고 때로는 못마땅했고 더러는 부끄러웠다.

601호 앞에 다다랐을 때 안쪽에서 사람들의 목소리가 새어 나왔다. 주연은 식판을 한쪽 팔로 받치고 노크를 한 뒤 문을 열었다. 병실 안은 사람들로 가득 차 있었다. 침대 위에는 산모와 중년 여자가 앉아 있었고 온돌바닥에는 산모의 부모나 시부모로 보이는 노부부가 다리를 쭉 펴고 앉아 있었다. 노부부 앞에 의자를 놓고 앉은 사람은 산모의 남편처럼 보였다. 사람들은 모두 뭔가를 먹고 있었다. 고깃국 냄새와 과일 냄새가 뒤섞여 있었고 튀긴 음식 냄새도 났다. 바닥에 앉은 노부부는 고사리가 든 고깃국을 한 그릇씩

들고 후루룩 소리를 내며 먹고 있었다. 옆에는 고깃국이 담긴 냄비가 보였다. 이 많은 음식을 어떻게 다 들고 들어올 수 있었을까. 산후조리원에 음식 반입은 금지되어 있었지만 어느 정도는 눈감고 지나갔다. 하지만 이 정도의 음식 반입은 본 적이 없었다. 말없이 고깃국과 편육 등의 음식을 먹고 있는 이들을 보던 주연은 마치 장례식장에 온 기분을 느꼈다. 주연은 신발을 벗고 온돌바닥에 올라섰다. 하지만 식판을 어디에 놓아야 할지 알 수가 없었다. 침대 위 식탁에는 이미 많은 음식들로 가득했고 서랍장 위에도 식판을 놓을 만한 자리는 없었다. 그때 산모가 그냥 바닥에 내려놓으세요, 라고 했다. 주연은 뭔가 잘못 들었나, 하는 눈빛으로 산모를 바라보았다.

-그냥 바닥에 두면 나중에 먹을게요.

산모가 다시 한번 크게 말했을 때 사람들이 일제히 먹는 걸 중단하고 주연과 식판을 번갈아 바라보았다.

-하지만 식판을 바닥에 내려놓는 건 좀 그렇잖아요?

주연이 산모를 보며 말했다.

-괜찮아요. 바닥에 다른 음식도 있잖아요. 바닥에 내려놓으면 이따 먹을게요.

-그래도 병원장님께서 특별히 더 신경 쓰라고 하셨고….

주연이 이렇게 말하자 갑자기 산모가 침대에서 내려와 주연에게 다가왔다. 그리고는 다짜고짜 주연이 들고 있던 식판을 받아들었다. 식판에 놓여 있던 바나나가 바닥에 떨어졌지만 아무도 신경 쓰지 않았다. 주연은 산모를 바라보다가 바닥에 떨어진 바나나를 식판에 올려두고 병실을 나서려고 했다.

-병원장님이 뭐라고 했는데요? 근데, 이름이 뭐예요? 조리실 직원이에요?

산모가 주연의 이름을 물었다. 항의를 할 때 최후의 수단으로 이름을 묻는 사람의 표정이었다. 너한테 책임을 묻겠다, 하는 결연한 의지가 보였지만 주연은 무섭지 않았다. 교실에서 떠든 사람의 이름을 칠판에 적어두는 반장 같다는 생각을 하며 주연은 조리실에서 일하는 영양사라고 말해주었고 이름도 또박또박 불러주었다.

-소문난 산후조리원이라고 비싼 돈 주고 왔더니 이게 뭐야. 병원장이라는 사람이 뒤에서 산모 욕이나 하고 말이야!

산모는 큰 목소리로 이 말을 내뱉은 뒤 식판을 바닥에 쾅 내려놓았다.

-병원장님이 무슨 말을 했나요?

바닥에 앉아서 국을 먹고 있던 노부인이 물었다. 은밀하게 묻는 표정이 간사하게 보였다.

-우리 손자 어깨…, 그 점, 말이에요.

노부인이 휴지로 입술을 닦으며 말했다.

-말이 나온 김에 하는 말인데, 내가 너무 답답해서 말

이야. 내가 이런 사람이 아닌데, 그래도 우리 집안일이다 보니…. 주변에서 하도 걱정을 하기도 하고…. 밤에 잠도 안 오고 영 밥도 안 넘어가고 해서….

말을 쏟아내는 노부인을 아무도 말리지 않았다. 주연이 산모를 바라보았다. 산모의 얼굴이 붉어졌다. 제대로 잠을 못 잔 사람은 산모 쪽인 것 같았다.

-누가 그러던데 계보가 있는 병이라고 하더라고.

-계보? 그런 말을 어디서 들었어, 엄마? 그건, 유전병이라는 거잖아.

의자에 앉은 남자가 이렇게 말하자 바닥에 앉은 노부인이 버럭 소리를 질렀다.

-우리 집안에는 그런 병 가진 사람 없다.

노부인은 이제까지 이 말을 하기 위해 엉덩이를 바닥에 대고 국물을 끊임없이 들이켜고 있었던 것처럼 허리를 꼿꼿하게 세웠다. 노부인의 말에 사람들이 먹던 것을 멈췄고 누구도 입을 떼는 사람이 없었다. 주연은 한동안 산모의 얼굴빛을 살폈다. 산모는 금방이라도 울 것 같은 표정이었다. 주연은 한동안 산모를 살피다가 병실을 나섰다. 주연은 비상계단을 통해 조리실이 있는 1층까지 내려갔다. 계단을 내려가는 내내 601호 바닥에 놓인 식판 생각을 했다. 산모와 모유를 먹을 아기를 생각하며 구성한 식단이었고 색깔까지 먹음직하게 만든 반찬들이었다. 표고버섯전은 식어도 맛있겠지만 들깻가루가 들어간 미역국은 식기 전에 먹어야 했다. 주연은 시간을 되돌리듯 6층으로 다시 올라가 601호 앞에 다다랐다. 안에서는 무슨 말인지 알아들을 수 없는 소란스러운 목소리가 한데 뭉쳐 흘러나왔다.

-산모님.

주연이 문을 열고 산모를 부르자, 601호 안에 있던 사람들이 일제히 주연을 바라보았다.

-미역국, 식기 전에 꼭 드세요. 들깻가루를 많이 넣어서 모유 수유하는 산모한테 좋은 음식이에요.

겨우 그 말을 하려고 다시 온 것인가, 하는 표정들이었지만 주연은 산모를 향해 다시 말했다.

-산모님은 먹는 게 일이에요.

산모가 주연을 바라보았다.

-그리고 음식 반입은 안 됩니다.

주연이 이렇게 말하자, 바닥에 앉아 있던 노부부가 냄비를 뒤쪽으로 밀었다. 그런 중에도 바닥에 앉은 노인은 연신 국물을 마시고 있었다. 후루룩 소리를 내며 먹는 것에 집중하는 모습은 이곳의 유일한 희극장면처럼 보였다. 주연은 노인을 바라보다가 이내 굳은 표정을 지었다.

-절대 금지입니다.

주연이 거실로 나왔을 때 엄마는 소파 아래에 앉아 있

었다. 텔레비전이 켜져 있었지만 엄마가 보고 있는 것인지는 알 수 없었다. 주연은 엄마를 잠시 보고 섰다가 주방으로 가서 식사 준비를 했다. 엄마와 집에서 하는 마지막 식사였다. 오빠가 엄마를 요양원에 모시자고 했다. 주연이 오빠에게 한 달씩 번갈아 가면서 엄마를 모시는 것에 대해 의논했지만 오빠는 바로 요양원 이야기를 했다.

-엄마, 나 엄마 꿈 꿨어.

시멘트로 만든 그릇에 밥과 국을 담아 식탁에 놓으며 말했다.

-엄마는 내 꿈 꾼 적 있어?

엄마는 숟가락으로 국을 떠서 먹었다.

-오늘 출근해서 여사님들한테 꿈 이야기를 하니까 명주 여사님이 만 원을 주면서 사겠다고 하더라.

엄마는 연신 국물을 떠서 먹었다.

-꿈에서 엄마가 나한테 작은 쌀 주머니 하나를 줬어. 쌀을 준 건 좋았지만 양이 너무 적어서 이게 뭐야, 겨우 이걸 주는 거야, 라고 했더니 엄마가 바깥으로 나가보래. 그래서 문을 열었더니 현관에 커다란, 정말 어마어마하게 커다란 쌀포대가 다섯 개가 있었어. 너무 많아서 이걸 다 언제 먹어, 라고 물었는데 엄마는 아무 말도 하지 않고 웃기만 했어. 그러다가 내 신발을 신고 밖으로 나가 버렸어.

엄마는 숟가락으로 달걀프라이를 뜨려고 노력하고 있었

다. 주연이 젓가락으로 달걀프라이를 잘라 엄마의 숟가락에 올려주었다.

　-엄마, 이게 명주 여사님이 나한테 만 원을 주고 살 정도로 좋은 꿈일까? 여사님은 복권을 살 거라고 했어. 근데 엄마, 난 그 꿈이 이상해. 엄마가 밥을 줬으면 맛있게 먹었을 텐데 왜 쌀을 줬을까, 서운한 마음이 들었어.

　주연은 꿈 생각을 하며 조리실에서 밥통 옆을 내내 서성거렸다. 조리원이 쌀을 씻고 밥솥에 안치고 다 된 밥을 휘젓는 것을 지켜보았고 병원 직원들이 식판에 받아간 밥을 꼭꼭 씹어 먹는 것을 지켜보았다. 쌀이 밥이 되는 과정과 밥을 삼키기까지의 저작과정을 놓치지 않고 바라보았다. 그러자 명주 여사님이 너무 비싼 값에 꿈을 산 것이라는 생각이 들었다. 다섯 자루의 쌀로 밥을 지어 꼭꼭 씹어 먹어야 할 것을 생각하니, 돈을 지불하고 사기에는 너무 크고 무거운, 아니 무서운 꿈이라는 생각이 들었다. 주연은 꿈값으로 받은 만 원으로 간식을 사서 조리실 직원들과 함께 먹었다. 여사님이 좋아하는 순대 만 원어치는 양이 너무 적었다.

　-엄마, 이 그릇 어때?

　주연은 밥과 국을 담은 시멘트 그릇을 가리키며 엄마에게 물었다.

　-엄마, 이 그릇은 세 세트야. 세 명이 함께 같은 식기에 밥을 담고 국을 담아 먹을 생각이었어. 그런데 그렇게 하지

못했어.

　너무 작은 이유였다. 시멘트로 만들었다는 이유로 식기를 식기로 이용하지 못했고, 주연은 그들과 헤어졌다. 이수와 아이, 주연과 엄마 이렇게 넷은 한 번도 함께 만나지 못했다. 이수와 만나지 않는 나날은 아무리 시간이 가도 익숙해지지 않았다.

　주연은 산후조리원 영양사 일을 그만둔 뒤 요양원으로 직장을 옮겼다. 엄마를 요양원에 모신 뒤 그곳 조리실로 이직을 했다. 주연이 출근하면 엄마가 조리실로 와서 주연을 찾았다. 주연이 딸이라는 것은 알지 못하는 듯했다. 그저 자신을 좋아하고 제일 잘 돌봐주는 사람이라고 믿는 것 같았다. 오빠가 엄마를 찾는 날이 점점 줄어들었지만 엄마는 아무 말도 하지 않았다. 종종 허공을 보며 "좋은 사람이었는데." 라고 말하거나 "밤낮으로 찾으러 다녔다." 하는 말을 했지만 그게 오빠를 기다리는 말인지는 알 수 없었다. 엄마가 이렇게 정확한 발음을 하는 경우는 흔치 않았고 사람들과 눈을 마주치는 일도 거의 없었다. 오빠가 오면 낯설어했고 주연의 옆에 바짝 붙어 서서 주연의 손을 꼭 잡았다. 오빠도 그런 엄마를 낯설어했다. 오빠가 오는 날이면 셋이 가만히 앉아 있다가 헤어졌다. 오빠는 엄마를 위해 먹을 것을 사 가지고 왔지만 엄마와 함께 먹지는 않았다. 셋이 함께한 식사는 이미 옛날 일이었다.

주연은 요양원으로 이직한 뒤 모든 것을 천천히 했다. 내려야 할 정류장보다 몇 정류장 전에 내려 집까지 걸어갔다. 횡단보도 신호등 불이 바뀌어도 몇 번 놓친 뒤에 건너갔다. 아무리 시간을 낭비해도 이수를 떠올릴 시간은 있었다. 너무 서둘러 헤어진 것은 아닌지 후회되었다. 어느 순간에는 분명 이별만이 답인 것처럼 생각되었지만 가장 최후로 미뤘어야 할 해결책이었다는 생각이 들 때마다 걸음을 옮길 수가 없었다. 주연은 횡단보도 앞에서 신호등이 몇 번 바뀔 동안 가만히 서 있었다. 그러다가 문득 횡단보도 옆 육교에 걸린 현수막을 발견했다. 육교는 곧 철거될 것이라고 적혀 있었다.

주연은 육교 위로 올라가 한가운데 멈춰 섰다. 육교 쪽으로 빠르게 달려오는 차들과 육교에서 멀어지는 차들의 뒷모습을 바라보았다. 많은 사람들이 횡단보도의 신호등이 바뀌길 기다리고 있는 것이 보였다. 횡단보도를 두고 힘겹게 육교를 오르는 사람은 없었다. 주연은 마치 약속시간이 지났는데도 나타나지 않는 누군가를 기다리듯 오랫동안 육교 위에서 서성거렸다. 누군가 열고 들어올 문을 바라보듯 육교의 이쪽과 저쪽을 바라보았다. 그러다 문득 이수의 말이 떠올랐다. "아프리카의 어느 곳에서는 아, 엄마. 길을 잃었어요, 라고 외치는 곳을 가리켜 저 멀리라고 해. 눈물이 날 것 같은 말이야. 저 멀리, 거기서 이제 겨우 여기로 온 것 같은

데…" 이별의 순간 이수가 왜 그런 눈빛을 했는지 주연은 이제야 알 것 같았다. 길을 잃어버린 눈빛이었다. 곧 철거될 낡은 육교 위에서 주연은 이수의 눈빛을 한 채 중얼거렸다. 아, 엄마. 길을 잃어버렸어요.

강이나
동아대학교에서 독어독문학을, 부경대학교 대학원에서 응용심리학을 공부함. 2018년 무영신인문학상 당선, 2020년 국제신문 신춘문예 당선, 2022년 현진건문학상 추천작 선정, 2024년 부산소설문학상 우수상 수상함.

밤의 달리기

서정아

선 넘지 마. 명온은 나에게 그렇게 말한 적이 있었다. 정색하는 것은 아니었는데 그렇다고 농담이라 치부할 수도 없는 말투였다. 그때 내가 딱히 뭘 한 게 아니었으니 맥락도 없는 말이었다. 명온이 말하는 선이 무엇인지는 감이 잡히지 않았지만, 그 말을 들은 순간 몸 안에 전극을 단 것처럼 알싸하게 전기가 흘렀다. 뭔지는 몰라도 넘지 말라니까 더 넘고 싶었다. 그 선이 어디 있는지 알기만 한다면 말이다. 그렇지만 도무지 짐작조차 되지 않았다. 명온의 입에서 나오는 말은 여러 겹의 꽃잎 속에 감춰진 작은 꽃술처럼 비밀스럽게 숨어 있었다. 그래서 더 좋았다. 실은 너무 좋아서 그 애를 보면 마음이 정처 없이 흘러 다녔다. 하지만 그런 마음을 드러내고 싶지 않아서 나는 그 애가 눈에 보이면 얼른 몸을 숨겼다. 몸을 숨기면 일단은 마음도 같이 숨겨질 테니까.

명온과 달리 대부분의 사람들은 속마음이 뻔히 드러나는 말들을 펄럭이며 전시했다. 그 마음은 대체로 선한 것도 아름다운 것도 아닐 때가 많았는데, 사람들은 그런 속내를 내보이는 데 조심성이 없었다. 스스로를 이상적으로 포장하려는 말조차 그 의도가 너무 쉽게 드러났다. 누구에게나 부끄러운 본심은 있을 테고 때때로 떳떳하지 않은 생각이 든다고 해서 그 자체만으로 비난받을 일은 아니겠지만, 숨겨야 할 마음은 최선을 다해 숨기는 것이 사람된 도리 아닌가. 감춰두어야 할 마음을 쉽게 들킨다는 건 게으르고 무성의한 거였다. 원치 않게 그 본심을 보게 되는 상대에 대해 배려가 없는 것이다. 혹은 이 정도면 잘 숨겼겠지 하고 안이하게 판단하는 것이다. 타인의 속마음이 너무 궁금할 때도 있지만, 때로는 그걸 보지 않을 권리도 있다. 나는 이제 겨우 스물을 넘었고, 진창 속에서도 타인의 마음에 대해 진의를 모르는 척, 좀 낙관해 보고도 싶었다. 그러나 대부분의 사람들은 솔직함을 무기 삼아 투명하게 상대를 찔러대거나, 허접한 포장지로 게으르게 진심을 덮어놓고 마치 그걸로 마음을 다 가린 것처럼 상대를 속이려 들었다. 선의를 가장하기 위해서라도 최선을 다한다면 그 노력만큼은 진짜 선의에 어느 정도 다가갔을지도 모른다. 하지만 그런 데 노력을 쏟는 사람들은 많지 않았다. 그랬기 때문에 나는 굳이 알고 싶지 않은 이들의 마음을 너무도 쉽게 알아챘지만 그냥 속아버린 척했다. 노력하지 않는 사람들에게 나도 굳이 마음을 써 가며 싸울 필요가 없었기 때문이다. 마음의 낭비야말로 최악의 낭비라고 생각했기 때문이다.

대학 입학을 앞두고 이모네 집에서 간단한 짐만 챙겨 나와 학교 근처에 방을 구하러 갔을 때 부동산 소장은 혀를 차며 고개를 저었었다. 아무리 세상 물정 모르는 학생이라도 그렇지, 어떻게 보증금으로 달랑 백만 원을 들고 방을 구하러 다니냐면서. 그 돈으로 갈만한 데는 고시원 아니면 오래된 모텔의 달방뿐인데, 근처에 하나 있는 고시원은 이미 만실이고 모텔 달방은 여학생한테 권하기가 좀 난감하다고 했다. 다른 동네로 가봐야 하나 생각하며 부동산을 나가려고 할 때 소장이 잠깐만 학생, 하고 불렀다.

학교에서 거리가 좀 있긴 한데 거기라도 볼래요? 월세도 싸. 보증금은 원래 삼백인데 내가 주인한테 잘 얘기해 볼 테니까 잠깐 기다려 봐요.

소장은 어딘가로 전화를 걸었다. 수화기 건너편의 상대에게 내 사정을 이야기하다가, 이왕이면 여학생이 낫지, 그래그래, 괜히 지난번처럼 골치 아픈 일 안 생기고, 그런 말을 했다. 그 말에 집주인이 보증금 인하를 허락한 모양이었는지, 소장은 전화를 끊고 집을 보러 가자고 했다. 때때로 어떤 너그러움은 상대에 대한 만만함이 밑바탕에 깔려 있었고, 그

너그러움은 만만함이 유지되는 만큼만 유효했다. 따라서 나는 그들이 기대하는 만만함의 스탠스를 유지할 필요가 있었다. 가난하고 착하고 어린 여자애. 순전히 전략적인 태도였으므로 마음의 심지는 끝까지 꼿꼿이 세울 수 있었다.

소장의 차를 타고 간 곳은 주택가 골목에 있는 2층집이었다. 대문의 위쪽에는 세로로 글씨를 쓴 한자 명패가 달려 있었다. 초인종을 누르자 대문이 열렸고 분홍색 헤어롤로 머리를 만 중년의 여자가 2층에서 내려왔다. 내가 허리를 굽혀 인사하니 집주인은 고개를 까딱하고 나를 아래위로 훑어봤다. 이 사람은 하수다. 나는 한눈에 알아차렸다. 처음 보는 사람을 그런 식으로 훑는 눈길조차 숨기지 못하다니 아무래도 나이를 헛먹은 것이다. 낙관할 수 없는 세계의 범위가 한 뼘 더 커져 버렸지만, 한편으로는 시간을 번 셈이기도 했다. 초반에 상대에게 헛되이 마음만 쓰다가 실망한 경우도 허다했으니까. 집주인과 부동산 소장을 따라 화단 옆쪽으로 이동하자 동그란 쇠 손잡이가 달린 철문이 보였다.

여기가 출입문이고 화장실은 저쪽 창고 옆. 샤워기랑 순간온수기도 달아놨어. 1층 다른 세입자들은 집 안에 있는 화장실 쓰니까 저긴 학생 혼자 쓰면 돼.

집주인이 화장실이라며 가리킨 곳에는 반투명 유리가 끼워진 알루미늄 문이 보였다. 화장실 불을 켜면 안에 들어간 사람의 실루엣이 밖에서 다 보일 것 같았다. 집주인은 다시 몸을 돌려 방 출입문의 손잡이에 열쇠를 끼워 돌렸다. 문이 열리자 직사각형의 작은 방이 한눈에 들어왔다. 집주인이 불을 켜 주었고 나는 부동산 소장과 함께 신발을 벗고 안으로 들어갔다.

솔직히 이 가격에 이만한 집 못 찾아. 학교 근처 원룸 가 봐도 내부는 낡아빠진 데가 많다니까. 여기는 침대며 싱크대며 새로 넣은 지 2년밖에 안 됐잖아. 바닥에도 전기 판넬 싹 깔았고.

침대며 싱크대며, 라고 했지만 사실 그 두 가지뿐이었다. 철제로 된 일인용 침대 하나와 간이 싱크대. 나라면 '침대랑 싱크대'라고 말했을 것이다. 아니면 '침대하고 싱크대'라고 하든지. 어린애나 외국인이 아닌 다음에야, 이미 자연스럽게 체득한 모국어의 용법을 굳이 오용하는 데에는 내심 이유가 있다. 겨우 명사 두 개를 나열하기 위해 '며'라는 연결어미를 쓰는 이유가, 그런 식의 얕은 수를 써서 쉽게 취하고 싶은 것들이 있는 것이다. 그러나 그건 너무 뻔하고 속이 다 드러나는 일차원적인 수법이었다. 그런 건 노력 축에도 들지 못했다.

방에 창문은 없었다. 물론 내가 가진 돈으로 창문 같은 건 기대하지도 않았다. 특이한 것은 벽이어야 할 한쪽 면이 셔터로 내려져 있다는 점이었다. 내가 셔터 쪽을 계속 쳐다보고 있자 부동산 소장이 말했다.

아, 여기가 원래는 주차장이었거든. 그냥 벽이라고 생각하고 자물쇠 잠근 채로 그대로 두면 돼. 출입은 이쪽 문으로만 하고.

그제서야 방의 형태와 분위기가 왜 그런지 파악이 되었다. 나에게 그 방을 소개하는 두 사람의 태도에는 거리낌이 조금도 없었다. 주차장을 주거 공간으로 둔갑시킨 채 세입자를 받아 돈을 벌겠다는 사람. 그 이상한 공간을 중개해 수수료를 받겠다는 사람. 부끄러움을 모르는 사람들이 천연덕스럽게 세상을 엉망으로 만들고 있었다. 그렇지만 이조차도 감지덕지할 수밖에 없다는 것, 보증금을 깎아준다는 말에 오히려 감사 인사를 해야 하는 내 처지가 수치스러웠다. 그 치욕을 어떻게든 뛰어넘고 싶었다. 할머니, 이걸 어떻게 뛰어넘을 수 있을까. 나는 왼손 검지에 끼워져 있는 묵주반지를 엄지손가락으로 돌리며 생각했다. 할머니가 남긴 묵주반지는 내 손가락에 비해 컸고, 그래서 헐겁게 돌아갔다. 잃어버리지 않기 위해서 늘 신경 써야 했는데, 그 점이 오히려 좋았다. 언제나 조심하고 주의해야 하기에 잊지 않을 수 있고, 잊지 않으므로 잃지 않을 수 있다는 점이.

할머니는 잘 뛰어넘는 사람이었다. 비유적 의미에서도 그렇지만, 실제로 젊은 시절 높이뛰기 선수였다고 했다. 아무리 바쁜 일이 있어도 절대 뛰거나 총총거리지 않고 땅바닥을 정성스럽게 딛고 다니는 모습만이 내 눈에 익어 있었기 때문에, 할머니가 공중으로 뛰어오르는 모습이 처음에는 잘 그려지지가 않았다. 딱 한 번만 보여달라고 조르기도 했는데, 할머니는 언제나 부드럽게 거절했다.

늙은 내가 다치면 어린 너에게 짐이 된다.

나는 올림픽이나 전국체전 중계방송에서 높이뛰기 경기를 볼 때마다 할머니의 젊은 시절을 상상해보곤 했다. 민소매에 짧은 바지를 입고 긴 머리카락을 동그랗게 틀어올린 할머니. 공기를 가르며 도움닫기를 한다. 힘껏 발을 굴러 중력의 반대 방향으로 높이 솟구친다. 그리고 자신의 키보다 높은 곳에 놓인 가로대를 쾌활하게 넘는다. 그 모습을 떠올리면 무덤 속처럼 어두운 방이 조금은 환해지는 느낌이 들었다.

할머니와 내가 살던 집은 낡은 빌라의 반지하였고 햇빛이 들어오지 않았다. 들어오는 것은 오직 먼지와 벌레, 그리고 빗물 뿐이었다. 먼지와 벌레는 괜찮았지만 빗물은 생존과 관련된 문제였다. 장마 때가 되면 매번 침수가 되고 물을 퍼내야 했다. 물론 우리에게는 겨울도 힘든 계절이기는 했다. 온몸에 유리 파편이 박히는 것 같은 끔찍한 추위를 견뎌야 했으니까. 그렇지만 내게는 여름 장마의 괴로움이 그보다 몇 배나 더했다. 몸의 고통을 압도하는 정신적 공포의 계절이었다. 장마 전선이 북상하고 있다는 뉴스를 들으면 한겨울보다 더 몸이 떨렸다. 모든 감각이 온통 곤두서고 잠을 잘 수가 없었다. 얼마 되지도 않는 살림살이들이 못 쓰게 되어 버리고 전기가 끊겼다. 우리와 비슷한 환경에 놓인 사람들이 죽거나 다쳤다는 이야기도 들려왔는데, 해가 잘 드는 곳에 사는 사람들에게는 그저 빗물처럼 흘러가는 소식일 뿐이었다. 불안 속에서 장마가 지나가고 나면 그때부터는 검은 군대처럼 무섭게 몰려드는 곰팡이와의 전쟁이 시작되었다.

할머니, 나였다면 집을 이렇게 짓지는 않았을 거야. 이런 집을 지어놓고 월세를 받으며 사람을 살게 하지는 않았을 거야.

나는 곰팡이로 시꺼메진 벽면에 할머니와 함께 락스물을 바르며 말했다.

그 마음을 잊지 않으면 된다.

할머니, 마음만으로 뭐가 돼? 아무것도 할 수가 없는데.

마음만으로 뭐가 되진 않지만, 네가 나중에 아주 작은 힘이라도 갖게 되었을 때 제대로 생각하려는 그 마음이 꼭 필요한 거다. 제대로 생각하지 못하는 사람이 힘을 가지면 세상이 한순간에 위험에 빠질 수 있다는 걸 우리는 알잖니.

위험해지면 어디로 도망쳐야 하지?

도망이라니, 바보 같은 소리. 뛰어넘어야지. 네가 누구냐. 높이뛰기 유망주 이국선의 손녀딸.

그래. 그걸 잊으면 안 된다.

할머니가 높이뛰기 선수였다는 증거는 단 한 번도 본 적이 없었다. 할머니가 돌아가신 뒤에 이모네 집에서 살게 되었을 때 그것에 대해 물어본 적이 있었는데 이모는 처음 듣는 이야기라고 했다. 하지만 나는 할머니의 말을 믿었다. 무엇보다 할머니는 어떤 문제가 닥쳐도 낙담하지 않고 잘 뛰어넘는 사람이었다. 할머니가 뛰어넘지 못한 것은 오직 죽음뿐이었다.

학교에서 명온을 정면으로 마주치는 일은 점점 드물어졌다. 언제나 그 애를 발견하는 내 눈이 더 빨랐고, 그 애를 보는 즉시 내가 먼저 몸을 피했기 때문이다. 그렇지만 그렇게 숨으면서도 내 눈은 명온을 쫓고 있었기 때문에 정면이 아닌 위치에서는 그 애를 오히려 더 많이 보게 되었다. 강의실에서 명온은 늘 앞자리에 앉았고 나는 뒤쪽으로 사십오도 각도에 앉아 그 애의 뒷모습을 바라보았다. 명온이 필기를 하느라 고개를 살짝 외로 틀 때에는 옆얼굴도 볼 수가 있었다. 강의실의 뒷자리에서 그렇게 그 애를 바라보는 것은 가장 안전한 일이었다. 내 시선은 명온의 뒷모습에 머물렀지만 동시에 칠판을 향해 있었다. 나의 비밀은 언제나 공식적인 목적지로 가는 길목에 있었으므로 누구에게도 들킬 염려가 없었다.

그렇지만 아무리 조심을 해도 피할 수 없는 장소에서 우연히 마주치는 일까지는 내 능력 밖이었다. 단기로 주말 아르바이트를 하게 된 컨벤션 센터에서 나는 명온을 정면으로 맞닥뜨리고 말았다. 작은 사무실 안에서 대기하고 있던 중이었기 때문에 어디 피할 곳도 없었다. 나는 어색하게 손을 흔들었고 명온은 해사하게 웃으며 내 어깨에 손을 얹었다. 뭐지, 싶었다. 나보고 선 넘지 말라더니 자기는 당당하게 넘어오네. 너무 아무렇지 않게 넘어와서 애초에 명온이 그런 말을 했었는지조차 헷갈렸다.

 우리의 임무는 거대한 인형탈을 쓰고 축제장의 입구 포토존에서 관람객들을 맞이하는 일이었다. 행사 매니저는 명온과 나에게 축제의 마스코트 캐릭터와 애니메이션 캐릭터 중에 각자 원하는 인형탈을 고르라고 했다. 명온이 나에게 선택권을 주어서 나는 별로 고민할 것도 없이 애니메이션 캐릭터 탈을 골랐다. 축제의 마스코트는 너무 순하게 생겨서 마음이 가지 않았기 때문이다. 그에 비하면 애니메이션 캐릭터는 강인해 보이는 구석이 있었다. 그런데 그 선택이 실수였다. 알고 보니 내가 뒤집어쓴 인형탈은 아이들에게 엄청난 인기를 구가하는 캐릭터였고 행사가 시작되자 꼬마들은 나에게만 달려들었다. 명온에게는 관심이 전혀 없었.

 그곳에서 명온에게 관심이 있는 사람은 오직 나뿐이었다. 거대한 인형탈이 내 시선과 표정을 가려주었기 때문에 나는 아이들에게 사진 포즈를 취해주는 틈틈이 작은 눈구멍을 통해 명온을, 인형탈을 뒤집어쓴 그 애의 움직임을 마음껏 쳐다볼 수 있었다. 그 자유로움이 묘한 해방감을 주어서, 평소에도 이런 탈을 쓰고 다니면 좋겠다는 생각마저 들었다. 물론 그 생각은 그리 오래 가지 않았다. 탈은 무겁고 더웠다. 육체적 괴로움이 지속되자 정신적 해방감은 갈 길을 잃었다. 특히 거대한 얼굴탈의 무게 때문에 시간이 갈수록 목덜미와 어깨가 아파왔고 온몸에 땀이 흘러 옷이 축축해졌다. 가장 참기 어려운 점은 옆머리가 얼굴 쪽으로 내려와 뺨을 간지럽히는 것이었다. 머리카락을 뒤로 넘길 수도, 가려운 뺨을 긁을 수도 없어서 아이들이 없는 틈을 타서 명온에게 얼굴을 좀 때려달라고 했다.

뭐? 때려달라고?

응! 때려달라고!

행사장의 음악 소리로 주변이 시끄러운 데다 두꺼운 탈 때문에 서로의 목소리가 잘 들리지 않아서 우리는 고래고래 소리를 질러야 했다. 명온은 장난처럼 내 얼굴을, 정확히는 내 얼굴을 가리고 있는 탈의 뺨을 툭툭 쳤다. 자신의 뼈와 살을 푹신하게 감싸고 있는 하얗고 두툼한 장갑으로 말이다.

더 세게!

더 세게?

명온은 좀 더 힘주어 내 얼굴탈을 쳤다. 그 타격감으로

뺨에 붙은 머리카락이 조금씩 떨어지는 것 같았다. 명온이 계속해서 나에게 펀치를 날리고 있는데, 그 모습을 멀리서 본 꼬마 아이들이 달려와 명온의 배와 다리를 공격했다. 나빠, 악당, 죽어라, 그런 소리가 아우성처럼 들려왔다. 아이들은 자신의 최애 캐릭터를 악당으로부터 구해내야 한다는 정의감과 사명감에 불타고 있는 것 같았다. 작은 주먹을 꽉 쥔 채 전력을 다해 돌진하는 아이들로 인해 명온은 몸의 중심을 잃었고, 발을 헛디디며 내 쪽으로 넘어졌다. 내 몸의 반쪽이 명온에게 깔리면서 거대한 두 개의 얼굴탈이 맞닿았다. 직접 피부가 닿은 것도 아닌데 두 뺨이 뜨겁게 달아올랐다.

내가 선 넘지 말랬지.

꼬마들의 아우성 때문에 정확히 들리지는 않았지만 명온이 그렇게 말한 것 같았다. 나는 속으로 생각했다. 웃기시네, 선 넘은 건 너 아니야? 명온은 내 위로 반쯤 겹쳐진 몸을 움직일 생각이 없어 보였다. 나는 팔을 들어 힘껏 명온을 밀었다. 실은 그렇게 반쯤 겹쳐진 채로 계속 누워 있고 싶은 마음이 들었기에 더 세게 밀었다. 그 순간의 내 표정을 명온이 볼 수 없어서 다행이었다.

살면서 다행이라고 말할 수 있는 일들은 생각보다 드물었다. 타인이 개입되는 경우에는 더욱 그랬다. 뭐든 겉은 번지르르해 보이는데 알고 보면 속은 별로일 때가 많았다. 물론 겉이 별로라고 해서 안심할 수도 없었다. 겉이 괜찮든 안 괜찮든 속을 들여다보면 그보다 못한 경우가 훨씬 많았다. 나는 일찌감치 인간과 세상에 대한 기대감을 버렸지만 기대가 없다고 실망도 없는 건 아니었다. 다만 기대를 하지 않으면 결말이 어떻든 간에 마음에 가해지는 타격감을 조금 줄일 수 있을 뿐이었다.

애초에 집에 대한 기대가 없었기에 나는 강풍에 덜컹이며 새벽잠을 깨우는 철제 셔터를 바라보면서도 슬픔에 젖지 않을 수 있었다. 주차장에 싸구려 침대를 하나 넣어놓고서 월세 납부가 하루라도 늦으면 독촉 문자를 보내는 집주인에게도 그리 분노하지 않을 수 있었다. 마치 부조리극을 보고 있는 관객처럼 그 상황에 감정적으로 몰입하지 않고 객관적 거리를 어느 정도 유지할 수 있었던 것이다. 하지만 감정의 객관적 거리는 그렇다 쳐도, 평소보다 거세게 흔들리는 셔터 소리는 고난도의 청각적 고문이었다. 바람이 안으로 들어오든 말든 차라리 셔터를 올려버리는 편이 나을 것 같기도 했는데, 셔터를 바닥에 고정한 두껍고 커다란 자물쇠는 굳게 잠겨 있었고 열쇠는 내게 없었다. 그 상황이 나로 하여금 이상한 단절의 기분을 느끼게 했다. 셔터 밖의 세계는 덜컹거림으로 그 존재를 계속 증명하고 있었고, 나는 도무지 다시 잠들 수 없을 것 같았기에 옷을 챙겨 입고 학교로 걸어갔다. 밤새도록 덜컹거리는 셔터 소리를 견디는 것보다는 과방의 낡은 소파에서 새우잠이라도 자는 편이 나을 것 같았다.

태풍이 올라오려는 모양이었다. 여름 끝자락의 묵은 열기와 습기가 거센 바람에 휘감겨 자취를 감추었다. 통통하게 물기를 머금은 가로수의 초록 잎들은 돌풍이 불 때마다 소리를 내며 서로 부딪치다가 간간이 떨어져 내 얼굴에 와 닿곤 했다. 아직 방학인 데다 자정이 넘은 시각이어서 교정에는 사람이 전혀 보이지 않았다. 나는 과방이 있는 진리관으로 들어가 계단을 올랐다. 2층 복도 맨 끝까지 터벅터벅 걸어가서 과방 문의 비밀번호를 눌렀다. 잠금장치가 풀리는 소리와 함께 문이 열렸다. 불을 켜자 으음, 하는 낮은 신음소리와 함께 소파에 길게 누워 있던 누군가가 몸을 움직여 상체를 천천히 들었다. 명온이었다.

나는 뒤돌아 나가지도 못하고 소파 쪽으로 가까이 다가가지도 못한 채 아직 닫히지 않은 문고리를 잡고 어정쩡하게 서 있었다. 명온은 잠이 덜 깬 듯한 얼굴을 두 손으로 문지르더니 중얼거렸다.

꿈인가.

미안. 아무도 없는 줄 알고.

아닌가.

갈게. 더 자.

가지 마.

이건 또 뭐지, 싶었다. 선 넘지 말라고 할 때는 언제고.

네가 말한 선은 도대체 뭐냐고 묻고 싶었다. 아니, 영영 모르고 싶기도 했다. 마음이 또 갈피를 잃고 여러 갈래로 흘러내렸다. 늘 자신 있었던 감정의 객관적 거리 유지가 명온 앞에서는 도무지 되지를 않았다. 잠도 깰 겸 밖에 나가서 좀 걷자는 명온의 말에 나는 내심 안도의 한숨을 내쉬었다. 과방의 환한 형광등 불빛 아래서 당장 얼굴을 마주할 자신은 없었기 때문이다.

우리는 교문을 통해 밖으로 나가는 대신 진리관 옆쪽 길에 조경 삼아 심어놓은 나무 울타리를 넘어갔다. 이미 많은 사람들이 지나다닌 곳이었기에 얄따란 나뭇가지들은 휘어지고 꺾여 있었다. 나무 울타리를 넘는 순간 어디선가 꽃향기가 나는 것 같았다. 주위에 꽃은 보이지 않았는데 그 존재를 전혀 의심할 수 없을 만큼 향은 분명하고 짙었다.

너도 들었지?

뭘?

나에 대한 소문.

당연했다. 그걸 못 듣는 게 이상한 일 아닌가. 더군다나 나는 언제나 명온의 뒤에서 그 흔적을 쫓아다니던 사람인데 남들보다 더 들었으면 들었지, 모를 수는 없었다. 소문이 퍼지는 경로는 한 방향이 아니기에 더 쉽게 확산되었다. 사람들은 흔히 조직적인 전달 방식이 더 효율적이고 일사불란하다고 여겼지만 실은 그렇지 않았다. 소문의 경우 전달의 의

무도 없고 조직적인 흐름도 없었지만 한번 시작되면 그 속도와 연쇄성은 걷잡을 수 없었다. 사실의 여부는 중요하지 않았다. 오히려 모호하고 불확실한 정보일수록 전달자의 상상력을 자극했으므로 한 다리를 건너갈 때마다 말은 더 얹히고 부풀려졌다. 나는 소문의 몸피가 클수록 진실은 알기 어렵다고 생각했기에 그 말들을 믿지는 않았다. 하지만 그렇게 들려오는 말들을 통해 다른 것들을 어느 정도 짐작할 수 있었다. 이를테면 소문을 전하는 사람들의 말투나 표정에서 느껴지는 그들의 본심 같은 것을.

못 들었는데.

나는 뻔뻔하게 거짓말을 하고 무작정 달리기 시작했다. 뒤에서 명온이 나를 따라 달렸다. 그 애가 나를 잡을 수 없도록 온 힘을 다해 뛰었다. 그런 희열은 무척 오랜만이었다. 명온이 나를 따라오고 있다는 것. 그 단순하고 명쾌한 사실이 다른 모든 것을 잊게 했다. 내가 뛰니까 그 애도 뛴다. 다른 어떤 이유도 없다. 바람이 거센 늦여름의 깊은 밤, 그 거리에는 우리 둘뿐이었고 우리가 달릴 수 있는 길은 영영 끝나지 않을 것 같았다. 그러나 그런 내 감정의 들뜸에 차단기라도 내리듯, 예상치 못한 곳에서 길은 막혀버렸다. 끝난 것이 아니라 가로막혔다. 예전에 할머니가 말했던 대로, 제대로 생각하지 못하는 사람들이 세상을 망치고 있다는 증거였다.

대체 왜 생각을 하지 않나. 왜 책을 읽지 않고 생각을 하지 않고 자신의 세계를 구축하지 않고, 타인이 공들여 직조한 세계를 망가뜨리나. 나는 언제나 그런 식의 우둔함을 경멸해왔다. 그건 지능의 문제가 아니었다. 제대로 생각하려는 노력을 하지 않기 때문에 생기는 문제였다. 그런 식의 어리석음은 다른 사람들과의 관계 속에 있을 때 나쁜 쪽으로 영향력을 발휘했다. 멍청한 사람이 저돌성을 지녔을 경우 더욱 위험했고, 힘까지 가졌다면 최악이었다.

학기 초 복학생 선배 하나가 나에게 고백을 해온 적이 있었다. 감정적 교류가 전혀 없는 상태에서의 일방적 선포 같은 것이었다. 처음에는 자기가 주식 스터디의 모임장을 맡고 있다면서 기초부터 일대일로 잘 가르쳐줄 테니 스터디에 들어오라고 제안을 했다. 나는 당연히 거절했다. 제안해준 것은 고맙지만, 주식 같은 것은 생각해본 적도 없고 앞으로도 별로 생각하고 싶지 않다고, 선배에 대한 예의를 갖추어 대답했다.

네가 아직 잘 몰라서 그러는데, 주식 그거, 그렇게 어려운 거 아니야. 요즘 웬만하면 다 해. 지금부터 공부하고 소액이라도 투자 경험 쌓아가면서 자산 늘려가는 거야.

투자할 돈도 없고 그런 스터디 할 시간도 없고요, 무엇보다 그럴 마음이 없어요, 선배님.

그렇게 깍듯하게 안 해도 돼. 그냥 오빠라고 불러.

그럴 마음이 없어요, 선배님.

우리 은별이는 말하는 게 왜 이렇게 귀여울까. 이름도 귀엽고. 은빛 별이라는 뜻인가?

알바 갈 시간이 다 돼서 이만 가보겠습니다, 선배님.

말을 더 받아주다간 궁극적인 속마음을 감출 수가 없을 것 같아서 나는 고개를 숙여 인사하고 뒤돌아 나왔다. 뒤에서 그가 나중에 봐, 은빛 별아, 하고 외쳤다. 나는 은빛 별이 아니라고, 멋대로 그렇게 부르지 말라고 쏘아주고 싶었지만, 꾹 참고 그냥 빠르게 멀어지는 편을 택했다.

숨길 은, 나눌 별. 그건 할머니가 지어준 이름이었다. 작명을 할 때 할머니가 가졌던 마음을 곰곰이 생각하게끔 하는 이름이었고, 생각할수록 내 마음에 쏙 드는 이름이었다. 수업 시간에 한자를 가르치던 선생님은 내 이름을 한자로 써놓은 것을 보고 보통 이런 한자는 이름에 잘 안 쓰는데, 하고 고개를 갸우뚱했지만 그 말을 들으니 오히려 더 기분이 좋았다. 할머니는 뭐든 잘 뛰어넘는 사람이었으니까, 대부분의 사람들이 할 법한 보편적이고 고루한 생각들도 이렇게 뛰어넘었구나 싶어서 기쁨이 부풀어 올랐다.

복학생 선배는 그 후로도 자꾸 내 눈앞에 얼쩡거렸다. 주식 스터디 제안은 서너 번 거절했더니 포기한 것 같았지만, 그다음부터는 밥을 사주겠다, 시험 족보를 주겠다, 알

바 쉬는 날 술 한잔 하자, 그런 말들을 선심 쓰듯이 일삼았다. 모든 제안을 거절해도 그는 전혀 아랑곳하지 않았다. 그러던 어느 날 밤이었다. 저녁 아르바이트를 마치고 나왔는데 그가 건물 앞에 서 있다가 장미꽃다발을 내밀었다.

여자들은 밥 사주는 것보다 이런 로맨틱한 걸 좋아하지? 은빛 별, 생일 축하해.

술을 얼마나 마시고 왔는지, 꽃다발 너머에서 발산하는 술 냄새가 내 코의 언저리에 맴돌았다. 술기운으로 이미 붉었던 그의 얼굴은 내게 다가오면서 더욱 붉게 달아올랐다. 그건 로맨틱이 아니라 공포였다.

생일 아닌데요, 선배님.

나는 그렇게 말하고 뒤돌아서 빠르게 걷기 시작했다. 여기서 일하는 건 또 어떻게 알았나 싶어서 온몸에 소름이 돋았다. 그가 내 이름을 부르며 쫓아와 어깨를 잡았다. 나는 그의 손을 뿌리치고 뛰었다. 뒤에서 나를 따라 뛰어오는 거대한 그림자가 비틀거리며 나를 덮쳤다. 큰길로 가지 않았던 것은 내 실수였다. 쿵쿵거리고 흔들거리는 그림자만 신경쓰며 뛰다 보니 막다른 골목이었다. 그는 숨을 몰아쉬며 다시 내 어깨를 잡았다. 그의 얼굴은 터질 듯이 검붉었고 거친 날숨에는 술 냄새와 담배 냄새가 마구 뒤섞여 있었다.

왜 이러세요.

사랑한다, 은별아. 술 취해서 하는 말 아니야. 예전부터 좋아했어.

그 말과 동시에 그는 두 팔을 벌려 나를 껴안았다. 나는 고개를 돌려 그의 팔 한쪽을 있는 힘껏 깨물었다. 그는 비명을 지르며 팔을 풀고 뒤로 물러났고 피처럼 붉은 꽃다발은 바닥으로 떨어졌다.

한 번 더 이러시면 경찰에 신고합니다.

선배의 얼굴을 똑바로 쳐다보며 그렇게 말하고 나서 다시 뒤돌아 뛰었다. 이번에는 담벼락에 막히지 않을 만한 곳을 향해 제대로 방향을 찾으며 뛰었다. 상대의 마음을 헤아려보지도 않은 채 일방적인 선언을 해놓고는 로맨틱한 고백을 했다 착각하고, 자기가 하는 말이 무슨 뜻인지 똑바로 생각해보지도 않았으면서 배설하듯 아무 말이나 내뱉는 사람들이 언어의 의미를 자꾸 오염시키고 있었다. 나는 장미꽃의 이미지를 그런 식으로 훼손해버린 선배가 미웠다. 포옹에 담겨야 할 온기, 그리고 사랑이라는 단어에 포함되어야 할 절실함과 애틋함을 불쾌하고 공포스러운 느낌으로 변질시킨 그에게 화가 났다. 제대로 생각하지 않는 사람이 타인에게 자꾸만 자신의 영향력을 행사하려 할 때, 그 우둔함은 무서우리만큼 커다랗게 부풀어 올랐다. 스스로 인지하지도 못한 채 상대에게 공포심을 불러일으키고, 무고한 사람을 다치게 했다. 그와 같은 사람이 권력까지 가지게 된다면 몇몇 개인이 아니라, 이 세계를 위험에 빠뜨릴 수도 있었다. 세상을 망하게 할 수도 있었다.

술에 취한 선배가 내 뒤에서 뛰어오던 그 날은 그저 절박하게 도망치고만 싶었는데, 명온이 내 뒤에서 뛰어오고 있는 이 순간 내 마음은 한없이 벅차고 두근거릴 뿐이었다. 잡힐 수 있고 잡히고도 싶었지만 동시에 딱 그 정도의 거리를 유지한 채 계속 함께 달리고 싶기도 했다. 명온은 내게 늘 물음표 같은 사람이었는데, 그 선배와 명온의 차이가 뭐냐고 묻는다면 그것만은 명확하게 말할 수 있었다. 명온은 언제나 무언가를 읽는 사람이었고 자신을 둘러싼 허황된 말들에 짓눌리거나 휩쓸리지 않고 단단히 내면을 구축하는 사람이었다. 한 마디로, 제대로 생각하는 사람이었다.

충분히 더 달릴 수 있었던 우리를 가로막은 것은 담벼락이 아니라 철제 바리케이드였다. 힘을 가진 멍청이 무리들이 세상을 망가뜨리려는 중이었기 때문에 시민들의 시위는 연일 계속되고 있었고, 시위대의 진입을 막기 위해 경찰은 곳곳에 바리케이드를 설치해둔 상태였다. 한밤중에 아무도 없는 거리를 달리다가 마주한 바리케이드는 시위대 속에서 볼 때와는 느낌이 달랐다. 어쩐지 그때보다 훨씬 더 위협적인 쇳덩어리들의 집합체로 보였다.

할머니라면 뛰어넘을 수 있었을까. 나는 내 허리께 높이의 바리케이드를 빤히 바라보았다. 이런 쇳덩어리들은 어디에서나 나를 가로막고 있었다. 집에서도 학교에서도 길거리에서도. 나는 길게 이어진 바리케이드를 보면서 눈대중으로 거리를 재며 뒷걸음질로 걸었다. 그리고 어느 정도 멀리 떨어졌을 때 허리와 무릎을 굽히고 준비 자세를 취했다.

야, 뭐 하려고?

명온이 내 쪽으로 다가오며 외쳤다. 나는 그 순간 할머니의 말을 떠올렸다. 초등학교 시절 놀이터에서 내 허벅지 높이의 봉을 뛰어넘으려다 실패하고 넘어져 울고 있을 때였다.

은별아, 제자리에서 그냥 높이 뛸 수는 없다. 높은 곳에 있는 가로대를 넘으려면, 뛰어넘는 힘으로 바꿀 수 있는 에너지가 먼저 필요한 거야. 그러니까 높이 뛰기 위해서는 언제나 저 멀리서부터 달려오는 도움닫기를 해야 한다.

그 말을 할 때 할머니는 다정하고도 단호했다. 할머니의 그 표정과 목소리를 떠올리면 나는 조금씩 더 부드럽게 강해질 수 있었다. 나는 주먹을 꽉 쥐고 땅에서 발을 떼었다. 그리고 바리케이드를 향해 달리기 시작했다. 실패할 수도 있겠지만 충분히 넘을 수도 있을 것 같았다.

하지만 결국 성공도 실패도 보류되었다. 명온이 나를 막아섰기 때문이다. 바리케이드를 뛰어넘을 수는 있었지만 그 애를 밀치고 갈 수는 없었다.

왜 막는 거야.

뭘 하고 싶은지는 알겠는데, 널 다치게 둘 수는 없지.

보기보다 겁쟁이 같은 그 말에 실망해야 하는 걸까, 내 안위를 생각해준 다정함에 감동해야 하는 걸까. 마음이 시소처럼 양쪽으로 왔다 갔다 했다. 나는 아무 말도 하지 않고 시선을 아래쪽으로 내렸다. 내 눈길이 닿은 명온의 왼쪽 손목에는 검정색 팔찌가 빙글빙글 감겨 있었다. 그게 어쩐지 뫼비우스의 띠처럼 보이기도 했다.

안 다치고 갈 수 있는 방법이 있어.

명온은 그렇게 말하더니 바리케이드 앞으로 다가가서 그것을 힘껏 밀어 넘어뜨렸다. 쇳덩어리가 콘크리트 바닥과 부딪치며 강력한 마찰음을 냈다. 대단히 시끄러웠지만 그건 어쨌든 소리일 뿐이었다. 바닥에 쓰러진 쇳덩어리는 스스로 일어서지 못했다. 명온은 줄줄이 이어진 바리케이드를 계속해서 하나씩 밀어 넘어뜨렸다. 나는 그런 명온을 가만히 쳐다보고 있다가 어느 순간 그 애의 옆으로 가서 바리케이드를 같이 밀어 넘어뜨리기 시작했다. 영원히 끝날 것 같지 않던 가벽도 끝이 있었다. 마지막 바리케이드를 함께 넘어뜨린 후 명온은 그걸 밟고 건너편으로 넘어갔다.

뭐해, 이쪽으로 와.

명온의 그 말에 나는 잠시 침묵했다. 그 애에게 하고 싶은 많은 이야기들이 입 안에 맴돌았는데 어쩌면 아무 말도 하지 않는 편이 내 마음을 가장 정확하게 표현할 수 있는 방법 같기도 했다. 내가 쇳덩어리를 밟고 명온에게 가까이 다가서자 그는 손목의 검정 팔찌를 풀어 나에게 건네주었다. 나는 할머니의 묵주반지를 끼고 있던 손으로 명온의 팔찌를 받았다. 할머니의 반지처럼, 명온의 팔찌도 내게는 조금 클 것이다. 늘 조심해야 하기에 잊지 않을 수 있고, 그래서 잃지 않을 수 있는 기억이 나에게 또 하나 생긴 것 같았다. 그 순간 나는 조금 두려운 마음도 들었는데, 그 두려움만큼 더 힘을 내고 싶어지기도 했다.

가자.

이번에는 명온이 먼저 달려나갔다. 나는 명온의 뒤를 따라 뛰었다. 마음만 먹으면 잡을 수도 있을 것 같았지만, 나는 명온이 그랬던 것처럼 그 애를 놓치지 않을 만큼의 거리를 유지한 채 힘차게 달렸다. 우리를 가로막던 바리케이드가 모두 쓰러진 그 밤거리에는 명온과 나 둘뿐이었고, 우리는 거센 바람에 맞선 채 같은 방향으로 가고 있었다. 오직 그 애와 함께 달리고 있다는 그 단순한 사실만이 명쾌하게 남아 있는, 깊고도 깊은 밤이었다.

서정아
2004년 부산일보 신춘문예 소설「풍뎅이가 지나간 자리」로 작품 활동 시작. 소설집『우리는 오로라를 기다리고』외. 2021년 요산창작지원금, 2024년 부산소설문학상 수상.
clawjsanf@hanmail.net

X 현장-비평

압도적인 듣기의 시간, 회복하는 읽기의 삶[1]

강도희

1. 쓰는 사람 이전에 '읽는 사람'

2024년 12월 7일 스톡홀름의 스웨덴 한림원에서 열린 노벨문학상 수상자 강연에서 한강은 지난겨울 자신에게 일어났던 우연한 읽기의 경험으로 말을 시작한다. 독서라고 하기도 애매한 그 읽기의 대상은 여덟 살 때 자신이 직접 만들었던 시집. 일곱 살에 초등학교를 들어갔으니 2학년 때 쓴 시들이다. 시의 주인은 같은 '나'라고 하기에는 너무 먼 세월을 건너, 너무도 많은 글쓰기를 통과해 그 앞에 앉아 있다. 하지만 일기만큼이나 내밀한 이 미발표 시들을 읽는 것이 유일하게 허락된 독자이기도 하다. 그중 단 한 편의 시를 우리에게 공

---

[1] 이 글은 2024년 12월 21일 한국작가회의 50주년, 전국작가대회 문학심포지엄 "더 멀리 가는 문학: 문학은 작별하지 않는다"에서 발표한 내용을 수정·보완한 것이다.

유하는 것으로 작가는 자신의 권한을 조금 더 행사해 본다.

사랑이란 어디 있을까?
팔딱팔딱 뛰는 나의 가슴 속에 있지.
사랑이란 무얼까?
우리의 가슴과 가슴 사이를 연결해주는 금실이지.[2]

여덟 살 아이가 쓴 시는 이미 1권의 시집과 11권의 소설을 낸, 그리고 1년 뒤면 노벨문학상을 받게 될 작가에게 어떤 변화를 안긴다. 작은 책자를 묶던 과거의 감각을 떠올리게 하고 자신의 글쓰기를 돌아보게 한다. 수많은 비평가들이 말해온, 여러 국면으로 달라졌던 한강의 작품 세계를 꿰는 하나의 실을 발견하게 한다. 그 실이 이제껏 자신의 글쓰기를 지탱했던 두 개의 큰 줄기―세계의 폭력성과 아름다움―와는 결이 조금 다른 개체와 개체 사이의 사랑이라는 것에 작가는 놀라워한다. 실과 줄기, 세계와 인간에 대해서는 지면을 달리해 상술해야 할 것이지만, 이처럼 망각에서 기억으로, 단절에서 연결로, 파편에서 집합으로, 예측에서 경이로 나아가는 길목에 읽기가 있는 것은 의미심장하다.

그가 성실한 작가이기 전에 성실한 독자라는 점은 잘 알

---

2   한강, "빛과 실", 노벨문학상 수상 기념 강연, 스웨덴 한림원, 2024.12.7.

려져 있다. 어린 시절 유일하게 집 안에 풍족했던 책들을 벗 삼아 읽었다는 이야기나, 한 작품을 완성하기까지 집요하게 자료 조사를 하고, 책을 출간한 뒤에도 여전히 시집과 소설 한 권씩을 매일 읽는다는 이야기가 그렇다. "저는 쓰는 사람이기 전에 읽는 사람이라고 느낍니다."[3] '노벨문학상 시상식 기자회견에서 한 기자가 "미래에 또 다른 '한강'이 등장하려면 어떤 것이 필요하다고 보느냐"고 질문했을 때, 그는 자신과 같은 '독자가' 많이 나오려면 "혼자 또는 여럿이서 문학을 읽고 흥미를 가지는 일에 어떠한 제약도 가해지지 않는 사회가 먼저 되어야 한다"고 말했다. "모든 독자가 작가인 것은 아니지만, 모든 작가는 독자라고 하잖아요. 일단은 좋은 독자들이, 깊게 읽고 흥미롭게 읽는 것을 재밌어하는 독자들이 많이 나오는 게 가장 좋은 것 같다고 생각해요."

그의 말마따나 작가에게 읽기가 중요하다고 하는 것은 하나 마나 한 이야기일지도 모른다. 그렇다면 작가 한강의 작품 세계를 읽기라는 열쇳말로 새삼 들여다보는 것은 지금 우리에게 어떤 의미를 지닐까. 읽기의 자리를 결코 가볍게 여기지 않았던 글쓰기, 50년 남짓 그를 에워싸고 움직였던 '읽을 것들'의 생태계 속에서 온몸으로 호흡했던 한 작가의

---

[3] 김유태, "[한강 단독 인터뷰] 고단한 날, 한 문단이라도 읽고 잠들어야 마음이 편안해집니다", 매일경제, 2024.10.11.

행보를 통해 우리는 문학 장을 비롯한 우리 사회에서 읽기라는 행위가 갖는 정치성과 그 수행 조건이 어떻게 달라졌는지 가늠할 수 있지 않을까. 그것은 다시, 한강 문학의 여러 주제들을 한데로 모으고 면밀히 살펴보는 힘이 되지 않을까. 이 글은 첫 장편소설 『검은 사슴』(1998)에서부터 최근작 『작별하지 않는다』(2021)에 이르기까지 한강의 소설을 관통하는 '읽는 사람'의 형상을 분석하며, 그것이 우리 시대가 포착하고 다져왔던 읽기의 태도들과도 무관하지 않음을 확인하고자 한다.

2. 보(이)는 것을 넘어서

그의 읽기는 듣기에서 출발한다. 대학을 졸업한 직후인 1993년 초, 한강은 출판사 샘터사에 취직해 3년간 근무하면서 잡지에 인터뷰 기사를 쓰는 일을 맡는다. '평범한 사람들의 교양지'를 표방한 월간지 『샘터』는 당시 작은 판형, 저렴한 가격, 그리고 다양한 사람들의 삶을 다룬 내용으로 광범위한 독자층을 형성했다. 인터뷰이의 선정이나 취재가 구체적으로 어떻게 이뤄졌는지 모르지만, 출판사를 그만둔 뒤에도 종종 이 코너에 글을 쓴 것을 보면 그는 이 일에 꽤 애정을 가졌던 것으로 보인다.

물론 처음 만난 사람과의 대화에서 하루 만에 그 삶의

내밀한 이력을 다 듣는 일은 쉽지 않았을 것이다. 그가 기자의 앞에 앉기까지 거쳐온 삶의 곡절과 갈등은 많은 경우 침묵되고, 설령 발화되더라도 짧은 지면에서는 축소와 생략이 불가피했을 것이다. 그렇게 인물은 눈에 띄는 이력과 성격 위주로 편집된다. 기사는 좀처럼 좁혀지기 어려웠던 기자와 인터뷰이의 거리를 가리는 대신 잡지의 독자 앞에 바짝 다가선다. 독자는 '샘터의 눈'이라는 잡지 코너명에 걸맞게 이목을 끄는 사연에 몰입하며 취재 대상이 된 사람을 '본다'. 이때 기사와 함께 실리는 사진은 인물의 특징과 성격, 감정을 한순간에 짐작하게 함으로써 이 읽기를 더욱 촉발한다.

    이후 잡지사를 나온 한강은 준비하던 장편소설의 집필에 본격적으로 돌입한다. 첫 장편소설 『검은 사슴』에서 그는 듣기, 보기, 쓰기의 행위성을 다룬다. 소설은 세 사람의 이야기로 진행된다. '인영'은 잡지사의 기자로 같은 건물의 사무실에서 일하는 '의선'과 친해져 가끔 그를 집에 초대한다. 어느 날 대낮에 벌거벗고 거리를 달리는 사람이 있다는 동료의 말에 창밖을 본 인영은 그가 의선인 것을 알게 된다. 그 일이 있고 보름이 지나 인영의 집을 찾아온 의선은 자신의 이름까지 아무것도 기억하지 못한다. 인영은 의선을 거두어 돌보지만 의선은 이내 흔적 없이 떠나버린다. 한편 '명윤'은 인영의 대학 후배로 어느 날 인영의 집을 찾아왔다가 만난 의선에게 알 수 없는 끌림을 느낀다. 의선이 사라진 후 명윤은 인영에게 의선을 찾으러 가야 한다고 말한다. 의선은 열네 살 때 고향인 '황곡시'를 벗어나 서울로 왔다고 전해진다. 황곡은 탄광촌이 있던 곳으로, 의선의 아버지 역시 광부였다는 것이다.

 작가 자신을 연상시키는 인물인 인영은 지역에서 활동하는 인물들을 다루는 지면을 맡고 있다. 황곡에 가기 위해 인영은 그 도시에서 탄광 사진을 찍는 사진작가 '장(長)'을 알아내 그와의 인터뷰를 기획한다. 장은 실제 한강이 인터뷰했던 탄광사진 작가 김재영을 모티프로 한 인물이다. 그는 태백에 살면서 평일엔 은행원으로 근무하고 남은 시간에는 주변의 폐광과 폐사택촌을 사진으로 남겨왔다.[4] 소설에서 장이 『검은 땅의 사람들』이라는 표제의 사진집을 냈듯이 실제로 김재영 작가는 소설가 김종성과 함께 사진집 『검은 산 검은 하늘』(1991, 눈빛)을 출간했다. 인터뷰 기사가 실린 것이 1996년 4월이고 작가가 소설을 집필한 것이 1995년부터 1998년까지 3년이니, 애초부터 소설에 참조하기 위해 인터뷰를 기획하지 않았을까 싶다.

 이러한 배경과 태백시의 옛 이름인 황지를 고려할 때 소설의 황곡은 태백을 지칭한다. 1989년 정부의 석탄산업 합

---

[4] 한강, 「검은 땅 지키는 밝은 눈—태백의 탄광사진 작가 김재영 씨」, 『샘터』 27(4), 1996.4.

리화 정책으로 비경제 탄광이 폐광되면서 강원도 일대의 탄광도시들은 급속한 변화를 겪는다. 1989년까지 168개에 이르던 강원도 내 광업소는 6년 만에 13개로 급감하고, 탄광 노동자는 4만 4천여 명에서 1만 3천 명으로 대폭 줄어든다.[5] 노동자들과 그 가족들이 떠나면서 탄광 도시들은 훼손된 산림과 빈집만 남은 폐허가 된다. 1980년대에 가장 큰 탄광도시였던 태백은 1987년 12만 명이었던 인구가 10년 만에 절반으로 줄어든다.[6] 대규모 폐광의 충격을 완화할 정책이나 대체 산업이 부재한 채 갑작스럽게 추진된 정책은 지역경제를 마비시키고 탄광과 얽혀 있던 삶들을 공통 기억에서 지운다.

문학에서도 탄광이 상징했던 열악한 노동환경과 노동쟁의의 열기는 빠르게 식는다. 소설에는 인영의 기획안을 본 부장이 마땅치 않아 하는 장면이 나온다. 탄광과 그 주변의 사람들은 이제 지난 소재가 되었기 때문이다. "케케묵은 이야기는 필요 없어. 구질구질한 얘기도 안 돼. 이제는 그런 게 안 먹혀."[7] 무분별한 개발과 경제 성장의 어두운 이면으로

---

5 「벼랑에 선 탄광촌(上)—썰렁한 거리…빈집만 1,400가구」, 『동아일보』, 1995.3.3.

6 정연수, "석탄산업합리화사업과 탄광촌의 몰락", 지역N문화, https://ncms.nculture.org/coalmine/story/3618

7 한강, 『검은 사슴』, 문학동네, 2017[1997], 23쪽. 이후 이 책의 인용은 괄호 안에 쪽수 표기.

서 탄광은 1980년대 노동문학과 르포문학에서 중요한 위치를 차지했다. 일찍이 탄광지대를 배경으로 한 소설 「정선아리랑」(1974)을 발표했던 박태순은 이후 국토 기행을 통한 르포 작업에 돌입했고, 조세희의 『침묵의 뿌리』(1985, 열화당), 안재성의 『타오르는 광산』(1988, 돌베개)처럼 80년대 탄광 노동 쟁의의 전말이나 생활 실태를 조사하고 기록한 글·사진 모음집은 문학 장에서도 주목을 받았다.[8] 이 외에도 김종성의 소설집 『탄』(1988, 미래사), 임길택의 동시집 『탄광마을 아이들』(1990, 실천문학사), 최용운의 소설 『흰 겨울 검은 봄』(1991, 세계사), 안재성 소설 『침묵의 산』(1992, 청년사) 등 90년대 초까지 탄광 지역에 거주하고 일했던 당사자들의 체험이 담긴 탄광문학이 꾸준히 등장했다. 그러나 남은 이들마저 떠나면서 지역문학으로서 탄광문학은 빠르게 역사의 한 장르로 굳어진다.

1993년과 1994년, 시와 소설로 각각 등단한 20대 작가가 이미 '구질구질한 얘기'가 된 90년대 말의 탄광을 첫 장편소설의 배경으로 삼은 것은 의미심장하다. 그것은 사라지는 것들과 연결되고자 하는 의지, 그리고 다시 그 이야기를 한다면 이전과는 다른 방식으로 말해져야 한다는 역사화에

---

8 이 시기 탄광문학에 대한 분석은 이한빛, 「노동운동 시대의 탄광 재현—'사북사건' 이후 탄광소설을 중심으로」, 『역사문제연구』 41, 역사문제연구소, 2019 참고.

대한 고민이 한강 문학에서 오래전부터 지속되었음을 보여준다. 무엇을 어떻게 말해야 할까. 김재영과의 인터뷰가 동력이 됐던 것은 그가 작가 자신처럼 타인의 삶에 들어가는 사람이라는 점에서였을 것이다. 인터뷰에서 김재영은 광부들과의 작업이 순탄하지만은 않았음을 고백한다. 일반인이 함부로 들어가기 어려운 갱도의 척박한 환경도 있지만, 카메라를 향한 광부들의 경계심 역시 큰 장벽이 됐던 것이다. 카메라를 뺏기거나 구타를 당하는 등 "인간적인 교분이 확실히 다져지기 전에는 결코 사진 찍히기를 허락하지 않는 광부들을 사귀기 위하여"[9] 그는 갖은 노력을 다했다고 말한다. 노동조건으로서는 가장 열악한 이곳 탄광에 와서 '막장 인생'을 사는 자기 모멸감과 몇 년만 버티고 떠나리라는 광부들의 의지는 산업화시기 탄광을 다룬 시들에서도 드러난 바 있다.[10]

어둠 속에 묻혀 있던 자신들을 끄집어내 그 삶 앞에 플래시를 터뜨리는 카메라를 향해 당신이 과연 그럴 권리가 있느냐고 묻는 자들. 저 절대적 타자들의 이야기는 어떻게, 무엇으로 전달될 수 있을까.『검은 사슴』은 이 문제를 더 깊

---

9 한강,「검은 땅 지키는 밝은 눈―태백의 탄광사진 작가 김재영 씨」, 78쪽.
10 김나현,「탄광 노동 문학과 정동의 정치학」,『한국문예비평연구』78, 한국현대문예비평학회, 2023.6, 14~15쪽.

게 파고든다. 소설은 탄광의 역사나 탄광촌에 살았던 인물의 사연을 전면에 내세우지 않는다. 지난날 르포 문학이 맡아왔던 그 영역을 사진과 다큐멘터리가 이어받았다면,[11] 소설은 역사적 현장에 있지 않았던 이들이 저 시간적, 공간적인 '암흑'을 보려 할 때 겪는 고통과 변화에 주목한다. 장은 그 지역 출신도 아니고 오직 탄광 사진을 찍기 위해 황곡으로 온 사람이다. 강원도 산간지방의 탄광을 모두 찍어두리라는 야심으로 광업소를 전전했으나 광부들의 거센 반발에 부딪혔던 그는 막장 사고에서 기적적으로 살아남은 뒤로 더욱 광부들의 삶에 동화되어 작업에 몰입한다. 그런 장의 위태로운 삶을 지켜보던 아내가 떠나고 나서도 그는 계속해서 남아 있는 탄광들과 폐사택촌을 카메라에 담는다. 그동안의 작업물을 모아 한 사진 전문 출판사에서 사진집도 내지만, 책이 출간되고 출판사로부터 필름을 돌려받은 직후 사택에서 일어난 화재로 장은 필름을 몽땅 잃는다.

　나와 타자의 존재를 증명하는 기록의 예술, 사진은 그들의 생생한 삶을 붙잡아 보존하려 하지만 지난한 세월의 흔적들은 찰나의 순간으로 포착되기 쉽지 않다. 주체의 분투를 대상은 기다려주지 않는다. 탄광이 하나둘씩 폐광되고

---

11 〈다큐멘터리 오늘―함태의 검은 눈물〉(Q채널, 1995)이나 〈먼지의 집〉(이미영, 1999) 등 강원도 탄광을 다룬 다큐멘터리 영화들이 이 시기부터 제작되었다.

광부들이 가족들을 데리고 떠나면서 장에게는 더 이상 똑바로 볼 것, 눈이 멀 정도로 무섭게 노려봐야 하는 것이 없어진다. 이후에 찾아오는 허무와 좌절은 인영도 마찬가지다. 선박 침몰 사고로 죽은 언니의 유품인 카메라로 사진을 찍기 시작한 인영은 가라앉은 언니의 흔적이 남아 있을지 모르는 바다를 찾아다니며 집요하게 사진을 찍지만 "막상 그것을 인화해보면, 가장 중요한 것은 어디론가 휘발되어버리고 사막 같은 검은 바다만 넘실거리고 있"(100)는 현실에 직면한다. 보이지 않는 것을 보려는 인영의 헛된 몸부림을 막아 세우는 건 의선이다. 의선은 인영의 검은 바다 사진이 소환하는 과거 기억에 몸서리치며 사진을 모두 태워버린다.

 이 일은 한편으로 인영이 텅 빈 자리에서 다시 시작할 수 있는 계기가 된다. 인영은 닿을 수 없는 실재를 직접 보기 위해 분투하기보다 남아 있는 매개물인 사진과 자료를 읽고 실재를 알아가는 쪽을 택한다. 이 앎은 어렵게 자료를 남긴 이들에 대한 믿음 없이는 불가능하기 때문에 늘 혼자이던 인영을 고립에서 벗어나게 한다. 인영은 탄광 사무실에서 찾은 자료집을 뒤져 믿을 수 없이 열악한 탄광의 실태를 두 눈으로 확인하고, 갱도 붕괴 사고의 생존자 가운데서 의선의 아버지를 찾아낸다. 대중에게 별 반응을 얻지 못한 장의 사진집 역시 황곡에 가야만 하는 인영에게 닿는다. 그가 장의 사진집에서 읽어내는 것은 단순히 가시적인 정보가 아니다. 광부들의 얼굴이 지닌 어떤 강인함, 그와 대비된 갱도 바깥의 일상이 지닌 느슨함, 그것을 포착하는 사진가와 그들의 동반자적 관계… 이러한 것들이 인영이 읽어내는 것이다. 보이는 것뿐 아니라 사진가가 "그들의 고통스러운 생을 완전히 까발리지 않기 위해"(105) 의도적으로 보이지 않는 어둠까지도 읽어내는 그의 독해는 디디-위베르만의 표현을 빌리자면 모든 것을 무릅쓰고 사건을 증언하는 이미지의 '진실'을 올바르게 읽어내려는 역사가의 태도와도 같다.[12] 순간을 영원으로 붙잡기 위한 예술가의 번뇌와 '정직한 시선'에 대해 고민하는 역사가의 읽기는 잘 알려져 있듯이 그의 이후 작품에서도 계속된다.

3. 그녀들의 침묵

사라진 것, 보이지 않는 것을 보려는 이들의 사투는 목적이 불분명하다. 황곡에서 의선의 흔적을 찾으면서 인영과 명윤은 예기치 못한 폭설과 함께 위기를 겪는다. 한 치 앞도 보이

---

12 조르주 디디-위베르만은 아우슈비츠 제5소각로에서 동료들의 시체를 담당했던 유대인 포로들이 찍은 네 장의 사진들을 분석하며, 모든 것을 무릅쓴 이 이미지들을 역사적이고 윤리적 사건으로 만드는 진실은 단순히 그 안에 기록된 시각적 정보가 아니라 끔찍한 학살이 '제대로 보이지 않는' 그 흔적의 현상학에 있다고 설명한다.『모든 것을 무릅쓴 이미지들: 아우슈비츠에서 온 네 장의 사진』, 오윤성 옮김, 레베카, 2017.

지 않는 상황 속에서 인물들은 "빛살처럼 날아드는 의선의 목소리"(463)를 들으며 자신들의 트라우마적 과거와 대면하게 된다. 우리의 질문은 옮겨간다. 무엇이 저들을 이토록 '듣게' 만드는가. 타인의 미약한 목소리를 들으려다 못해 그 자신이 '들릴' 지경에 이르게 하는가.

이어진 두 번째 장편소설 『그대의 차가운 손』(2002)에서도 이해할 수 없는 인물을 이해하기 위한 읽기는 계속된다. 이 작품은 아예 화자인 '나'가 자신과 아무 연고도 없는 한 조각가의 원고를 읽으면서 진행되는 액자식 구성을 취한다. 세 번째 소설 『채식주의자』(2007)에 오면 작가는 궁극적인 질문을 던진다. 한 사람이 사회에서 완전히 언어를 잃고 미쳐버렸을 때 우리는 왜 그의 말을 들어야 하는가. 만약 그 누구도 듣지 않는다면 그는 어떻게 될까. 꿈을 꾸고 육식을 거부하다 나무가 되는 여자의 이야기는 소설 속에서 철저하게 이미지 위주로 서술된다. 세 명의 초점화자들은 여자의 생김새와 옷차림, 기이한 행동들을 보고 독자에게 보여줄 뿐, 그 누구도 그가 왜 채식을 하는지 제대로 묻거나 듣지 않는다. 그 때문에 소설은 대체로 현재 시점으로 서술되고 매우 속도감 있게 읽힌다. 숨 가쁘게 읽고 나면 독자는 영혜를 향한 말 없는 응시에 동참한 듯한 불편함을 떨쳐내기 어렵다.

『소년이 온다』(2014)는 그와 정반대의 소설이다. 『채식주의자』와 분량은 비슷하지만 서둘러 읽을 수 없다. 독자는 인물을 보기보다 인물의 이야기를 들어야 한다. 이인칭 '너'로 시작하는 소설은 '소년' 동호의 목소리를 독자에게 그대로 입히며 서사에 동참하게 한다.

> 비가 올 것 같아.
> 너는 소리 내어 중얼거린다.
> 정말 비가 쏟아지면 어떡하지.[13]

한 편의 꿈을 꾸듯 내가 아닌 나의 목소리를 들으며 소설 속에 진입한 독자는 서사 내의 다른 인물들은 들을 수 없는, 이탤릭체로 표기된 인물들의 내면 음성을 들을 때마다 발화자가 누구인지, 수신자는 누구인지, 전후 맥락과 지칭어를 파악하기 위해 바짝 긴장하게 된다. 이로써 작가는 자신의 자리였던 듣는 위치에 독자를 앉히고 1980년 5월의 광주를 서로 다른 이들의 목소리로 들려준다. 각 장을 구성하는 6명의 화자들은 사실 훨씬 더 많은 이들의 증언을 모으고 압축한 개개의 집합(assemblage)들이다. 그 자신이 밝혔듯 한강은 『소년이 온다』를 쓰기 위해 구술증언집을 읽는 데에 많은 시간을 할애했다. 나중에는 광주에 가서 증언자들을 직접 만나기도 했지만, 작가는 9백여 명의 증언을 모은 『광주

---

13 한강, 『소년이 온다』, 창비, 2014, 7쪽.

오월민중항쟁사료전집』(1990)을 읽으면서 그냥 '여기' 있었던 것 같은 느낌을 받았다고 한다.[14] 이때의 '여기'란 증언들이 향하는 1980년의 광주이기도, 증언들이 행해진 1980년대 말의 광주이기도 할 것이다. 소설의 독자는 증언자와 구술 채록자, 증언집을 읽던 작가의 자리까지 광주로 연결되는 일련의 '여기'를 복수로 감각하게 된다.

이 소설의 5장 「밤의 눈동자」는 '증언문학'으로서 한강 문학이 갖는 특별함을 가장 분명하게 보여준다. 이 장의 주인공인 '당신', 선주는 구술 인터뷰를 해달라는 5·18 연구자의 요청을 거절한 적 있다. 그로부터 10년이 지나 다시 증언해달라는 부탁을 받는다. 광주에서 있었던 폭력의 경험을 열흘의 항쟁 기간으로 다 설명할 수 없다는 선언, 가시화되기 어려운 여성 생존자의 증언을 보태달라는 요청이 그의 앞에 놓인다.

동호와 함께 합동분향소에서 시신을 수습하는 일을 맡았던 그는 마지막 날인 27일 밤 시민군에 합류해 메가폰을 잡는다. 아무것도 보이지 않는 어둠 속에서 시민들을 향해 불을 켜달라고 호소했던 그의 외침은 그날 이후 긴 침묵에 들어간다. 계엄군에 바로 체포된 그는 광주에 오기 전 여공

---

14 2020년 11월 1일 광주에서 열린 ACC 아시아문학 페스티벌 인터뷰 중 발언.

이었고 노조 활동을 했다는 이유로 간첩으로 몰려 성고문을 당한다. 어떤 폭력은 그것을 기억시키고 증언시키는 것 자체로 가해가 되기도 한다. 아무리 가까운 이일지라도 함부로 대신 증언할 수 없는 이유다.

무슨 권리로 내 이야길 사람들에게 하는 거야, 라고 당신이 이를 악물며 물었을 때였다. 이어 대답하던 성희 언니의 차분한 얼굴을 당신은 지난 십년 동안 용서하지 않았다. 나라면 너처럼 숨지 않았을 거야, 그녀는 또박또박 말했다. 나 자신을 지키는 일로 남은 인생을 흘려보내진 않았을 거란 말이야.[15]

노조 시절 함께 소리 높여 농성을 했던 언니는 '나'의 침묵을 이해하지 못한다. 성폭력은 재현과 증언이 가장 까다로운 영역이다. 폭력의 진상과 그것의 젠더화된 특성을 밝히는 작업은 중요하지만 많은 경우 그것은 주체를 대상화하고 정치적 맥락을 이탈시킨다. 일본군'위안부'의 기억 재현이 과도한 민족적 격분과 남성중심적 속죄의식에 사로잡혀 피해자의 언어를 삭제하고 하나의 스펙터클로 그들의 경험을

---

15 한강, 앞의 책, 161~162쪽.

소비하는 경우가 그렇다.[16] 침묵은 피해자의 언어다. 그것은 단지 '자신을 지키는 일'로 명명될 수 없다. 이 소설을 쓰기 위해 작가가 참고했던 또 다른 증언집 『광주, 여성』(2012)에는 5·18을 경험했던 27명의 여성 증언자들의 이야기가 담겨 있다.[17] 국가폭력 피해자 증언채록 작업이 시작된 지 20년이 지난 뒤 입을 뗀 여성들의 기억 구조에는 많은 경우 죄책감이 자리한다. 여자라서 살아남았다는 죄책감, 자식을 죽게 한 어머니의 죄책감, 환자들을 더 많이 돌보지 못한 간호사의 죄책감…. 선주의 모델이 된 전옥주는 당시 도청에서 방송을 하며 시민들에게 참여를 호소하는 역할을 자처했다 간첩으로 몰려 고문을 당한다. 출소 이후 중앙정보부 블랙

---

16 권은선, 「'용납할 수 없는 것'을 이미지화한다는 것의 의미—영화 「귀향」의 성/폭력 재현을 중심으로」, 김은실 외, 『'위안부', 더 많은 논쟁을 할 책임』, 휴머니스트, 2024.

17 김미정은 『광주오월민중항쟁사료전집』이 '광주'가 막 복원되기 시작한 1980년대 말의 맥락 속에서 항쟁 참여자 중심의 공식기억=역사를 구축했다면, 『광주, 여성』은 그러한 공식기억에서 누락된 여성과 일상의 기억들을 소환하고 있다는 점에서 『소년이 온다』의 중요한 참조점이 되었으리라고 분석한다. 즉 소설은 5·18 이후 세대인 작가가 주변부에 놓인 여러 텍스트들을 읽으며 광주에 대한 '잠재성으로서의 기억'을 현재화한 글쓰기의 결과라는 것이다. 그 글쓰기가 2012~2014년 현재 이뤄질 수밖에 없었던 맥락을 김미정은 기존의 역사 부정이 온라인을 기반에 둔 대중적 혐오 정동과 얽혀 확대된 정황으로 짚는다. 김미정, 「소년은 왜 '꽃 핀 쪽'으로 가라고 말하는가」, 『움직이는 별자리들』, 갈무리, 2019, 249~256쪽.

리스트에 올라 취업이 제한되는 삶을 살았던 그는 후에 자신이 방송을 안 했다면 시민의 죽음이 줄어들었을지도 모르겠다고 증언한다.[18] 나의 목소리가 타인을 다치게 했다/한다는 것에서 오는 죄책감은 여성 증언에 담긴 침묵의 또 다른 겹을 형성한다.

4. 당신에게 들으려고 우리들이 왔습니다

폭력에서 살아남은 여성들의 증언이 우리에게 가르쳐준 것이 있다면 바로 그 자발적 침묵을 듣고 이해하는 법, 다음 말을 잠자코 기다리는 법이다. 한강이 『소년이 온다』에서 그 다음으로 넘어가는 시기에 우리 사회에 두드러진 것은 듣는 공동체의 존재다. 2014년 세월호 참사가 안긴 충격 속에서 침묵을 깬 것은 진상규명을 요구하는 유가족들의 목소리와 생존자의 증언이었다. 같은 해 이른바 박유하 사태와 2015년 한일 간의 일본군'위안부' 합의는 위안부 생존자들의 증언에 대한 학계 및 예술계의 관심을 증대했으며, 2016~2017년 '촛불'광장에서 시민들은 서로 다른 주체들이 발언자와 청자의 위치를 오고 가며 작게 분절된 시공간을 나눠 가졌

---

18 전옥주, 「모든 시민들은 도청 앞으로 나와 주십시오」, 광주전남여성단체연합 기획·이정우 편집, 『광주, 여성』, 후마니타스, 2012, 166~167쪽.

다. 이러한 집회 문화는 코로나19 이후 한동안 주춤했다가 최근 탄핵 국면을 맞아 '응원봉과 셀카봉'이라는 전혀 다른 양상들로 펼쳐지고 있기는 하다. 문학 장은 어떠한가. 2018년 미투 운동과 페미니즘 대중화를 통해 새롭게 주목받은 것은 여성 등 소수자 재현에 대한 윤리적 감수성과 급진성을 요청하는 독자 공동체의 존재다. 이러한 일련의 현상들이 보여준 것은 결국 더 정치적이고 윤리적인, 어쩌면 미학적이기까지 한 '듣기'의 요청이었다.

이 공동체적 듣기에 대한 믿음이 없다면 『작별하지 않는다』(2021)는 쓰이지 못했을 것이다. 『소년이 온다』가 폭력에 저항하며 도청으로, 상무관으로 모인 광주의 시민들을 그렸다면, 『작별하지 않는다』는 반공주의 국가 폭력에 의해 흩어지고 고립된 제주도민들의 지독한 '견딤의 시간'을 그린다.[19] 5·18을 다뤘던 것처럼, 그러니까 증언들을 성실하게 읽고 자료들을 보충하면서 작가는 사건을 파악하고 피해자들에게 몰입해 나갔을 것이다. 그러나 한 섬에서 6년이 넘는 기간 동안 벌어진, 이미 그 명명에서부터 기억 정치가 작동

---

19 고경민은 4·3의 폭력성이 전통적 신뢰 체제에 기반한 제주의 지역 공동체를 지역과 사상에 따라 분할한 것 자체에 있다고 분석한다. 고경민, 「제주 4·3 진상규명운동의 성과와 과제―정치적 기회구조와 자원 동원, 그리고 과거 청산의 정치」, 제주대학교 평화연구소 편, 『제주 4·3 연구의 새로운 모색』, 제주대학교출판부, 2013, 104쪽.

하는 이 '사건·항쟁·봉기'를 몇몇 인물들의 서사로 종합하는 일은 쉽지 않았을 것이다. 소설은 4·3을 다루고 있지만 1948년 4월 3일의 무장봉기나 그 기폭제가 되었던 3·1절 발포사건을 다루진 않는다. 소설이 중점적으로 그리는 것은 1948년 11월 17일 이승만 정부의 계엄령 선포 이후 군경의 초토화 작전 대상이 된 중산간 지대와 민간인들이다. 그중에서도 남동쪽의 일부 마을과 그곳에서 학살을 겪은 한 가족의 이야기로 서사는 지탱한다.

이렇게까지 흩뜨려 놓아도 괜찮은가. 나는 한 글에서 이 작품이 이야기(history)의 타자성을 정면으로 다루고 있으며, 소설 안에서 그 타자성은 이야기의 원본이 되는 타자(사건)에서 이야기의 수신인이 되는 타자로 이동하고 있다고 말한 바 있다.[20] 소설의 첫머리, 작가 자신을 연상시키는 일인칭 화자 경하가 광주에 대한 책을 쓰고도 한참 악몽에 시달리는 것은 망자의 죽음을 슬퍼하고 고통 속에서 그들을 자기로부터 완전히 떠나보내는 애도-글쓰기가 그리 간단치 않다는 것을 보여준다. 애도의 과정 속에서 대상은 이미 나의 일부가 되었기 때문에. 저 많은 죽음과 사건들을 애도하고 기억하기에 한 사람의 시간성은 제한되어 있기에. 그러한

---

20 졸고, 「비행하는 역사-쓰기, 미지의 '너'들에게로」, 경향신문 신춘문예 당선작, 2023.

미완의 상태는 말하기의 중지로, 말없이 보고 듣는 자의 위치에 남겠다는 의지로 이어진다. 그러나 한편으로 나와 같이 어떤 말을 기다리는 이들의 존재는 나를 침묵 속에서 꺼내는 역할을 한다. 그제야 그는 '처음부터 다시' 쓸 수 있게 된다. 나 홀로 이 역사를 읽고 있지 않다는 것, 무덤은 필연적인 누군가가 혼자 쓰는 것이 아니라는 것, 그 깨달음이 그를 다음으로 넘어갈 수 있게 해준다.

이를 염두에 두고 읽으면 우리는 소설이 정확히 말하면 4·3이 아니라, 4·3을 보고 듣는 것에 대해 이야기하고 있음을 알게 된다. 소설 속 인물들은 자신에 대해 말하지 않는다. 그들은 자신이 보고 들었던 타인에 대해 말한다. 경하는 인선에 대해, 인선은 자신의 부모에 대해, 인선의 부모는 인선의 외삼촌에 대해. 그들 앞에는 그 말을 숨죽여 듣는 이가 있다. 자신이 보지 못한 것을 듣고자 하는 그 의지는 필사적이기까지 하다. 인선의 아버지는 마을에 초토화 작전 명령이 내려진 후 혼자 동굴에 있었기에 몰살을 면했다. 군인들은 맏아들인 그가 집에 없자 무장대에 들어갔다고 짐작하고 갓난아기까지 남은 가족을 모두 대살한다. 시체 흔적을 지우기 위해 사람들을 끌고 가서 죽였다는 바닷가 마을을 그는 십오 년이 지나서야 찾아온다. 학살을 목격한 여인에게 그날 모래밭에서 아이들을 봤느냐고, 갓난아이의 울음소리를 들었느냐고 묻는다.

그 말을 막 들어신디 명치 이신 데 이디, 오목가심 이디, 무쇠 다리미가 올라앉은 것추룩 숨이 막혀서. 내가 죄지은 것도 어신디 무사 눈이 흐리곡 침이 말라신디 모르주. 몰른다곡 내보내야 하는 것을 알명도 이상하게 대답을 하고 싶었져. 꼭 내가 그 사름을 기다렸던 것추룩. 누게가 이걸 물어봐주기만 기다리멍 십오 년을 살았던 것추룩.[21]

그날의 일을 누구와도, 당시 민보단으로 활동했던 남편과도 얘기할 수 없었던 여인은 낯선 사람의 질문 앞에서 마침내 입을 여는 자신을 발견한다. 자신이 보고 들은 것, 어둠과 바람에 묻혀 제대로 된 정보라고도 할 수 없는 이미지와 소리를 꼭 그의 목숨인 양 조심스럽게 기다리고 있는 이를 여인은 외면할 수 없다. 인선의 아버지는 사실 듣고 싶지 않았을 것이다. 제주공항 활주로에서 발견된, 학살 직후 암매장된 시체의 유해를 경하가 보고 싶지 않았던 것처럼. 그러나 진실 앞에 선 이들의 책임과 의지는 결국 그것을 대면하게 하고, '사실'의 형성은 이 연루의 자리에서 시작된다.

역사를 직접 경험하지 않은 후세대의 포스트메모리적

---

21 한강, 『작별하지 않는다』, 문학동네, 2021, 230쪽.

실천은 바로 그 연루의 자리를 이어받는 데서 출발한다. 인선의 어머니는 피신 중에 체포돼 경북의 형무소로 보내진 오빠의 흔적을 찾기 위해 오랫동안 자료를 모은다. 제주에서 배를 타고 가 피학살자 유족회 활동에 참여하고 지역 신문을 모은다. 그가 밑줄을 그어가며 읽은 신문 기사들을 수십 년이 지나 그의 딸이, 외지에서 온 그 딸의 친구가 이어 읽는다. 인선은 이후 어머니를 닮은 다른 할머니들, 베트남과 만주의 여성들의 증언을 영상화하는 작업을 한다. 외부인으로서 인선은 카메라 밖에서 그들을 보고 있지만 증언자들은 그가 그들의 침묵까지도 가만히 듣고 있는 것을 느낀다. 마침내 그들이 입을 열 때 우리는 또 하나의 듣는 세계가 탄생하는 것을 목격한다.

5. 음모론의 시대, 듣지 않는 일을 거부하기

> 나한테 민주화를 어떻게 생각하십니까, 그러면 저는 답을 못합니다. 아직 모르겠어요. 그러나 내가 아는 민주화는 상대의 말이 듣기 싫어도 마지막까지 경청해 줄 수 있는 그게 민주화이지 않나 그렇게 생각합니다.
> ― 5·18 당시 가두방송을 주도한 고(故) 전옥주의 말[22]

---

22 전옥주, 앞의 글, 166쪽.

2024년 12월 3일 전국을 뒤흔든 대통령의 계엄령 선포는 다름 아닌 부정선거 음모론에서 출발했다. 2024년 4월 총선에서 여당이 참패한 데에는 부정선거가 작용했다는 이 음모론은 극우 유튜버와 인터넷 커뮤니티를 중심으로 확산했다. 이후 탄핵 정국으로 이어지면서 음모론은 중국 개입설, 헌법재판관들에 대한 인신공격성 가짜뉴스, 1·19 서부지법 폭동 당시 경찰의 의도적인 폭동유도설 등 그 정도가 더 심각해지고 있다.

음모론은 듣는 사람의 감정적 자원을 착취하며 생겨난다. 아무런 증거도 보여주지 않으면서 오직 청자의 희망과 불안에 의존해 증폭된다. 음모론을 믿는 사람은 눈앞에 보이는 것보다 보이지 않는 것에 매몰되어 '진실'이 언젠가 드러나리라고 믿는다. 반박하는 사실이 드러나면 조작되었다고 한다. 말하자면 그들에게 진실을 보는 일은 언제나 항상 미래에, 그리고 많은 경우 타인에게 위임되는 것이다.

상황이 악화하자 지식인들은 차라리 보기로 돌아가자고 한다. 오죽하면 브뤼노 라투르는 기후 위기 부정론이나 9·11 테러 부정론과 같은 각종 역사 수정주의와 음모론의 횡행에는 비평의 책임도 없지 않다고 했다. 지난 몇십 년간 사회과학적 비평이 구조주의와 해체론에 힘입어 자명한 사실들을 탈자연화하고, 그것을 믿는 순진한 사람들의 인식을 환영이라고 폭로할 때 한쪽에서는 똑같은 논리로 부정론이 자라나고 있었다는 것이다. 그렇다고 고전적인 실증주의나 전문가들의 객관주의로 돌아가자는 것이 아니다. 대신 그는 현실에 존재하는, 누구나 신문을 펼치면 볼 수 있는 사물들, 그것들을 모이게 한 여러 사실들을 그대로 받아들이는 새로운 실재론으로 나아가자고 말한다.[23] 라투르의 이 글로부터 10년 전 이브 세즈윅은 보이지 않는 미시 권력의 폭력성을 드러내는 것이 지식의 방향이었던 시대는 지난 것 같다며, 이제 문제는 폭력이 보이지 않는 게 아니라 너무 많이 보이는 것이라 말한 바 있다.[24] 아르헨티나와 보스니아, 오늘날엔 팔레스타인과 우크라이나에서 이미 스펙터클이 된 폭력 앞에서 대중들은 더 이상 보이지 않는 진실의 존재에 옛날만큼 놀라지 않고 우리 삶의 많은 부분들이 인공적으로 구성된 것을 모르지 않는다는 것이다.

이제 듣기는 이중적 어려움에 처한다. 보는 이를 빠르게 압도하는 이미지의 힘과 달리, 말은 그것에 귀 기울이는 청자의 개입을 요한다. 듣는 와중에 우리는 자신의 기존 신

---

23 브뤼노 라투르, 「왜 비판은 힘을 잃었는가? 사실의 문제에서 관심의 문제로」, 이희우 옮김, 『문학과 사회』 2023년 가을호.
24 Eve Kosofsky Sedwick, "Paranoid Reading and Reparative Reading, or, You're So Paranoid, You Probably Think This Essay is About You", *Touching Feeling*, Duke University Press, 2003, pp.138~141.

념과 지식, 해석들의 방해를 받기 때문에 타인의 말을 믿는, 즉 실재로 받아들이는 것은 상당히 수고로운 일이다. 그러한 수고를 포기할 때 우리는 자신의 신념과 일치하는 말만 골라서 듣는, 쉬운 듣기를 하게 된다. 그러나 그것이 듣기일까? 그 듣기는 타인과의 상호작용이기보다는 자기 언어를 반복하는 독백일 뿐이다. 선거 결과에 반영된 국민의 목소리, 그 목소리를 아프게 들어야 한다는 일부 보수층의 목소리, 부정선거론을 조목조목 반박한 선관위·대법원·언론의 목소리까지 그 아무것도 듣지 않고 음모론자의 말만을 시청하는 사람들처럼 말이다.

진실을 제대로 보는 일이 고통스럽지 않다거나 중요하지 않다는 게 아니다. 폭력과 차별 앞에서 고개를 돌리지 않는 일, 고통스러운 목격의 순간으로 되돌아가 기억에 새기는 작업은 결코 폄하될 수 없다. 그러나 그것이 다가 될 수 없다. 가장 끔찍한 폭력을 목격한 증인은 증언을 할 수 없다는 아우슈비츠의 아포리아를 들지 않더라도, 당장 신문 지면에는 보이는 사물만큼 많은 수의 사물들이 매일 사라지고, 진실을 보여줄 수 있는 이들은 우리 곁을 떠난다. 보는 일에 몰두하다 보면 역사는 보이는 것 중심으로 구성되고, 볼 수 없는 것을 어떻게 대할지에 대한 논의가 사라진다는 것을 문학은 오랫동안 말해왔다. 문학 읽기는 기본적으로 듣는 읽기다. 현실에 없는 소설 속 인물의 이야기를 듣고 독자는 그와 그가 사는 세계를 상상한다. 인물이 지닌 이 불투명성이 작가의 내면과 독자의 내면을 각각 형성하는 근거가 되었지만, 그 '가슴'들은 분리된 만큼 상호작용하기도 한다.

    한 작가가 노벨문학상을 받는다는 것은 여러 의미가 있지만, 서로를 볼 수도, 서로의 언어를 제대로 들을 수도 없는 이들이 서로의 말을 경청하는 장이 생겨난다는 점에서 중요하다. 한강의 소설들은 폭력의 반대편에 서는 일이란 듣지 않는 일을 전적으로 거부하는 일임을 보여준다. 그것의 경이로운 가능성은, 이제는 없는 여덟 살짜리 아이의 말을 전 세계의 청중들이 숨죽이며 들었던 장면처럼 언제나 우리 곁에 있었다고 나는 믿는다.

강도희
문학평론가. 2023년 『경향신문』 신춘문예로 등단한 뒤부터 평론을 쓰기 시작했다.

∞ 쟁점-서평

도시는 소멸하지 않는다

『**마산**』, 김기창, 민음사, 2024

구모룡

실패한 전원도시가 그러하듯이 도시 탈주의 이야기도 듣기 힘들다. 오히려 도시 간의 경쟁이나 도시와 국가의 문제가 빈번하다. 가령 소멸 담론도 대개 전통적인 농촌 지역을 겨냥하고 있다. 인구학적 차원에서 도시 내부의 격차나 증감을 지역 소멸과 결부한 논의가 없지 않으나 과장이 적지 않다. 이보다 중심과 주변 도시 간의 경쟁이나 이에 개입하는 국가에 관한 문제의식이 비등하다. 물론 이러한 과정에서 부흥하는 도시와 쇠퇴하는 도시가 나타나기 마련이다. 또한 재생에 성공하여 다시 성장하는 도시도 허다하다. 일국 차원에서 단순화한 중심과 주변의 종속관계 혹은 일극체제라는 도식에 매몰되지 않아야 한다. 물론 우리 사회처럼 중심주의가 강렬하게 작동하는 경우에 이를 극복하려는 방향은 체제 변혁의 과제에 가깝다. 이러한 점을 감안하면서 우리는 중심과 주변의 프랙탈 모형에 주목할 수 있다. 이를 통하여 크고 작은 도시 간의 경합과 교착 그리고 연대와 통합 등을 위시한 중첩과 상호텍스트성을 생각하고 나아가서 국가 중심 스케일을 이월한 지역(region)과 세계(globe) 그리고 해역(maritime world)을 염두에 두는 방안을 찾게 된다.

생물과 기업이 탄생과 소멸의 주기를 지닌 반면 도시는 소멸하지 않는다고 주장하는 이는 복잡계 과학자인 제프리 웨스트이다. 그는 사물의 체계적인 규모 변화(scaling) 법칙의 특성과 기원을 『스케일』(이한음 역, 김영사, 2018)을 통하여 설명하였는데 기업과 생물이 대다수 죽어 사라지는 반면 도시는 이와 다른 법칙에 의하여 지속한다고 밝혔다. 그에 의하면 도시는 범죄, 오염, 가난, 질병, 에너지와 자원의 소비 등 많은 문제를 지니고 있으나 지구 도시화는 이러한 도시문제에도 불구하고 피할 수 없는 방향이라고 말한다. 즉 "인류의 미래와 지구의 장기적인 지속 가능성은 우리 도시의 운명과 떼려야 뗄 수 없이 얽혀 있다"라는 것이다. 확실히 그의 설명처럼 도시는 생물과 기업의 생애와 다른 법칙을 따르는 것으로 보인다. 재앙이나 최후의 심판과 같은 형국이 아니고서 도시가 완전하게 사라질 공산은 크지 않다. 제프리 웨스트가 예를 든 것처럼 원폭투하로 도시 전반이 마비된 히로시마와 나가사키가 다시 번창하는 데 걸린 시간은 30년에 불과할 정도로 도시는 회복력을 지닌다. 물론 성장과 쇠퇴와

회복의 과정을 생각할 수 있다. 19세기와 20세기 전반의 나가사키는 아시아 지중해의 수위 해항이다. 지금의 위상이 원폭투하 이전만 하다고 할 수는 없다. 하지만 도시의 지속 가능성을 설명하는 데 이의가 생기진 않는다. 따라서 소멸 담론을 도시에 적응하는 일은 성급하다.

김기창의 『마산』은 향수와 예감이 얽힌 도시소설(city fiction)이다. 여기서 '도시소설'이라는 개념은 다나카 준의 『도시의 시학-장소의 기억과 징후』(나승희·박수경 역, 심산, 2019)에서 비롯한다. 그는 단지 도시가 배경인 텍스트를 지칭하지 않는다. 오늘날 도시가 소설적 무대가 아닌 작품은 거의 없다. 도시소설은 한 도시를 대상으로 그 특이성을 드러내는 작품을 의미한다. 다나카 준이 예를 든 도시소설은 W. G. 제발트의 『아우스터리츠』(안미현 역, 을유문화사, 2009)이다. "처음 만났을(화자가-인용자) 때부터 이미 중앙역에서 느껴지는 벨기에 자본주의의 심벌리즘이나, 군사 요새의 상징성과 역사적 실태에 대한 아우스터리츠의 박식함이 피력되고, 거기에 이끌려 화자는 독일군이 강제수용소로 전용한 괴물처럼 괴상한 형상의 브렌도크 요새를 방문한다. 한 차례 행방불명이 된 뒤 우연히 재회한 아우스터리츠는 또다시 브뤼셀의 대단히 매니악(megalomaniac)한 최고재판소의 미로와 같은 구조에 대해 해설한다.—수많은 사진과 도판이 삽입된 이 작품은 건축물에 대한 이야기이자, 일종의 도시소설이다." 이처럼 도시소설은 한 도시의 건축과 거리, 장소와 사람들의 삶이 텍스트로 읽히면서 쓰여진다. 이와 같은 도시소설은 기본적으로 세가지 층위의 얽힘을 요청한다. 1) 도시라는 텍스트 2) 도시의 전기 3) 인물의 자서전. 소설이 인물을 통한 형상화라는 점에서 한 도시에 관한 향수와 예감을 지닌 주인공의 자서전적 경험은 필수적이다. 김기창의 『마산』은 마산이라는 도시를 텍스트로 그 도시의 변화 과정을 여러 인물의 경험과 교직하였다는 점에서 도시소설의 한 예라 하겠다.

김기창의 『마산』은 프롤로그, 1부 가고픈 도시, 2부 술과 꽃의 도시, 3부 불타는 도시, 에필로그 등 5부로 구성되며, 1부는 동미 1974년, 준구 1999년, 은재와 태웅 2021년 등 3장을 통하여 유신체제의 수출주도형 산업화 과정과 IMF 이후 그리고 팬데믹 이후 등의 시기를 주요 결절 지점으로 삼는다. 2부에서 이를 각각 여러 장에 걸쳐 교차한—준구 1999년, 동미 1974년, 은재와 태웅 2021년, 준구 1999년, 동미 1974년, 은재와 태웅 2021년, 준구 1999년, 동미 1974년, 은재와 태웅 2021년, 준구 1999년, 동미 1974년, 은재와 태웅 2021년 등으로—뒤에 3부에서 함께 연계한다. 세 시기를 대변하는 인물들의 행위를 통하여 그 무대가 되는 도시의 풍경을 여러 겹으로 덧붙이거나 포개는 방식으로 서술하고 있다. 변화가 속성인 도시는 여러 필름들을 겹쳐 인화한

듯이 기억이 누적된 공간이라는 점에서 이와 같은 서술의 효과가 뚜렷하다. 문제는 이들을 연계하는 방법이다. 작가는 서술의 중심에 동미의 동생 찬수를 내세운다. 이 소설에서 찬수는 일인칭 서술자이자 주인공이다. '나'는 중학생이던 시절부터 마산에 살았고 창동에서 1998년부터 엘피 바인 월영을 운영하면서 누나인 동미와 준구 그리고 은재와 태웅을 모두 매개한다. 그러니까 이 소설은 '나'의 이야기이자 그들의 이야기이다. 프롤로그와 에필로그는 '나'로 시작하여 '나'로 맺음한다. 하지만 '나'는 소설 전반을 지배하는 주인공이 아니다. 고른 비중을 배분하면서 인물들의 이야기를 이끈다. 이를 위하여 작가는 이중시점 방법을 활용하는데 '나'의 이야기는 일인칭 서술로, 인물의 이야기는 삼인칭 전지 서술로 진행한다. 물론 격자구성과 이중시점은 가독성을 줄이는 반면에 각기 다른 인물을 따라 초점을 이동하면서 도시의 여러 국지적인 장소들을 보여주는 효과를 가져온다. 이 소설에서 마산이라는 장소와 공간도 인물들 못지 않은 구성의 벡터이다.

이 소설을 쓴 작가의 의도는 "나의 도시"를 써야겠다는 생각에서 연유한다. "마산의 현재가 다른 도시의 미래가 되지 않길 바라는 마음, 마산에 새로운 미래가 펼쳐지길 바라는 마음, 그 결과가 다른 도시에 불빛을 비추는 일이 되길 바라는 마음, 조그마한 불꽃도 소홀히 하지 않는 사회가 되길 바라는 마음"(「작가의 말」에서)을 담고자 하였다. 향수와 예감이 교차하는 심경의 반영인데 이 소설을 쓰기 위하여 작가는 고향 마산 사람들을 만나서 많은 이야기를 수집하고 마산학 연구자와 그들의 저술을 탐문하는 노력을 기울인다. 일찍이 1980년대 초반 무크지 《마산문화》가 마산을 비판적 로컬주의(critical localism)의 관점에서 논의하였고 허정도의 『전통도시의 식민지적 근대화-일제강점기의 마산』(신서원, 2005)이 일제 시대 마산의 공간 생산 과정을 서술한 바 있다. 허정도는 이어서 『도시의 얼굴들』(지앤유, 2018)을 낸 뒤에 마산의 도시사에 상응하는 『한 도시 이야기-생성과 변환의 지속』(불휘미디어, 2024)을 발간하였다. 그러니까 김기창의 『마산』은 작가의 전기적 경험과 마산학의 성과가 한데 어우러진 직물이라 하겠다.

  소설 속의 인물들의 시간은 1974년에서 2021년 이후에 이르는 약 50여 년이지만 또 하나의 주역인 마산의 시간은 1760년 마산창 설치에서 비롯하여 1899년 개항, 일제하 식민적 이중도시(구마산과 신마산)로 개발되는 시기와 해방 이후 근대화 과정에서 광범한 자본주의적 공간생산이 이루어지는 산업도시로 성장하다 2010년 창원, 진해와 통합하는 데 이른다. 허정도의 지적처럼 '생성과 변환의 지속'이라는 양상을 보이는데 통합으로 행정명이 사라졌다고 하여 마산이 소멸한 것은 아니다. 하지만 작가가 이름의 상실이라는 데서 더한 노스탤지어를 느꼈으리라 짐작한다. 다나카 준이 말했듯이 "지명이야말로 토지의 집단적 기억이 파묻힌 언어적 장소임을 나타내는 상징"이기 때문이다. 대개 향수를 시적 현상으로 설명해 왔는데 도시시학의 발상도 이와 연관한다. 발터 벤야민의 베를린이 그랬듯이 김기창의 마산도 장소에 각인된 기억을 되살리면서 상실과 생성과 변화를 예감한다. 이는 에필로그에서 동미의 시선으로 그려지는데 그녀야말로 이 소설에서 마산의 가장 오랜 증인이다. "동미 누나는 눈앞에 맑은 바다가 펼쳐지리라고는 전혀 예상치 못했다. 마산은 20세기에 호출됐다가 21세기에 버림받은 도시였다. 산업화와 민주화 과정에서 별처럼 반짝였다가 IMF 외환 위기 전후로 찾아온 정보화 시대에 스리슬쩍 퇴출당한 후 4차 산업혁명의 물결 속에서 갈 길을 찾지 못한 채 결국 이름마저 잃은 도시였다. 그러나 동미 누나에게 마산은 새로운 도시처럼 보였다. 건물들은 낡았지만 죽어 가는 도시가 아닌 살아나는 도시 같았다. 맑아진 마산 앞바다가 그 근거였다." 도시를 경제라는 심급으로만 이해하지 않아야 하는데 동미의 시선에 비친 재생의 예감은 희망의 한 양상이라 할 수 있다.

    소설은 무학산이나 만날고개 등을 활용하는 조감의 시점으로 마산만을 안고 휘어진 도시를 개괄하고 임항선이나 여러 가로와 건축이 지니는 소통의 시대적 의미를 들춘다.

뭍의 도시와 바다의 변화를 상관적으로 서술하고 돝섬과 같은 특정 장소를 반복하여 그 의미를 변주한다. 반복은 때에 따라서 '희망의 결여'일 수도 있다. 가령 돝섬의 이미지를 들 수 있는데 거듭 "활활 불타오르는" 모습으로 나타난다. 타오르는 불은 생성과 소멸, 성장과 몰락 등의 양가성을 지닌다. 돝섬이 실재 장소의 이름이라면 작가는 '광남'이라는 가공의 이름을 석호가 몰고 온 "돛이 달린 조그만 목선"인 "광남호", 준구의 아버지가 운영하던 "광남유니폼사", 명길이 나중에 세우고자 하는 "광남모직", 은재 아버지 소유의 "광남호텔" 등에 부여한다. "광남. 빛 광(光)에 남녘남(南), 남쪽에서 빛나리라."라는 뜻을 내포하는데 '돝섬'의 불타는 이미지와도 부응한다. 이와 더불어 이 소설에는 실제의 지명이 많이 등장하고 그것이 지닌 장소성을 환기하고 있다. 앞서 언급한 무학산, 돝섬을 위시하여 월포해수욕장, 창동, 월영동, 가포유원지, 양덕동, 남성동성당, 마산항, 팔룡산, 경남대 등이 그러하다. 모두 "지금껏 변치 않은 무늬"와 "변한 무늬"를 보여주고 있으며 인물들은 장소와 더불어 변화하는 구체적 삶을 제시한다.

해항도시가 그러하듯 마산도 내국 이민과 이주 노동자가 혼재하는 공간이다. 의령과 진주, 통영과 거제, 밀양과 양산 등에서 철도와 해역을 따라 옮겨온 이들이 많다. 20세기 말부터 이주해온 외국인들은 새로운 문화교섭의 양상을 형성한다. 이러한 변화도 쇠퇴나 소멸의 징후가 아니라 생성과 변화의 바람으로 읽힐 수 있다. 소설은 대마초를 문화접변이나 다문화 현상으로 수용하고 있다. 물론 작가도 말하였듯이 마산의 특이성에 부합하는 모티프인지 궁금하다. 근대화 과정에서의 장소 상실과 산업 구조 재편 이후의 폐공장 형성 그리고 인공섬 조성과 같은 테마파크화를 추적한 일만큼 대마초 모티프가 자본주의 리얼리즘을 말하고 있진 못하다. 실업과 해외 이주와 같은 중요한 주제조차 인물의 다양성이라는 한계에 의하여 3·15 의거와 부마항쟁이 주변화하듯이 파편화한 경향을 보인다. 물론 도시소설은 어떤 구조의 확인이 아니다. 이보다 서로 다른 장소와 삶의 집합이라는 다성성을 지향한다. 인물들의 연관관계를 이끈 서사과정은 다양성의 파편화를 봉합하려는 의지에 상응한다. 하지만 텍스트로서의 마산, 고고학적인 탐사, 장소와 공간에 투영된 주인공의 전기라는 장르적 요청에 더욱 육박하지 못한 측면이 없지 않다. 시종하여 이중시점이 겉도는 느낌을 갖게 만드는 것은 많은 인물과 사실을 행위를 통하여 병치하려 한데 기인한다.

김기창의 『마산』은 소설을 통하여 한 도시의 이야기를 하였다. 1970년대 이후 오늘에 이르는 마산의 무늬와 빛깔과 냄새를 전달하고자 했다. 도시는 저마다 고유한 내력과 신체를 지니는 법인데 이를 소설화한 경우가 드물다. 도시소설이라는 장르가 일반화한 사실의 한편에서 세계적으로 뛰어난 작가들이 도시경험을 서술해 왔음을 지적할 수 있다. 찰스 디킨스의 런던, 제임스 조이스의 더블린, 다자이 오사무의 도쿄, 오르한 파묵의 이스탄불, 페르난두 페소아의 리스본 등등. 특히 마산이나 부산처럼 식민 경험을 지닌 주변부 도시가 가지는 의미망은 크다. 『마산』에서도 이와 같은 시야를 어느 정도 열고 있다. 신마산과 구마산, 임항선과 역들, 마산항 네트워크, 꽃과 술의 도시와 같은 모티프도 가까운 진해와 통영 나아가서 일본과 동아시아로 확장될 수 있다. 세 시기로 구분한 격자 구성을 넘어 장소와 인물이 긴박된 서술을 통하여 구체성을 획득하였더라면 하는 아쉬움이 남는다.

구모룡
문학평론가. 한국해양대 동아시아학과 교수. 『제유의 시학』, 『근대문학 속의 동아시아』, 『폐허의 푸른빛』 등의 저서가 있음. kmr@kmou.ac.kr

동시대 기술 미디어장의 문화정치와 비판·실천의 역능

『젠더스피어의 정동지리』, 동아대학교 젠더·어펙트연구소 지음, 산지니, 2024

박상은

대중문화·뉴미디어의 역학·담론·정동을 어떻게 독해할 것인가

아침에 일어나 식탁 위에 배달된 일간 신문이나 어제 읽다 만 책을 읽고 외출하는 삶과, 스마트폰으로 인터넷 뉴스를 확인하고 이동 중에 SNS 피드에 올라온 정보를 확인하거나 드라마나 짧은 영상을 확인하는 초연결 시대의 삶 사이의 거리가 아득하게 느껴진다. 유사한 지역 및 생활 영역에서 노동과 생활의 동질성을 공유하는 사람들과의 직접적인 대화와 마주침을 통해 구성되던 친밀성과 공동체적 정동이 형성되던 양상은 그야말로 클릭 한 번을 넘어서서 터치 한 번으로 접속되는 온라인 세계로 전환된 지 오래이다. 삶에 스며들어 이미 자연화된, 기술로 매개된 이 새로운 문화적 국면 앞에서 기술 자본주의의 전략과 전술을 비판적으로 보는 것, 그리고 중요한 결절점을 보여주는 혹은 재현되지 못한 행위자성의 문화정치를 해석하는 것이 요청된다. 현실에서 폭력과 혐오가 재생산되거나 증폭되는 것, 반대로 가상세계의 폭력이 현실화되는 것, 혹은 새롭게 부상한 대안적/대항적 조직화의 기술과 정동을 개념화하는 비평적 개입이 절실히 필요한 시기이기 때문이다.

젠더·어펙트 총서[1]의 다섯 번째 기획으로 출간된『젠더스피어의 정동지리』는 젠더와 연관된 담론과 정동의 공간으로서 기술 미디어장을 의미하는 조어인 "젠더스피어(gender-sphere)"의 문제의식을 담은 연구서이다. 분과 학문을 넘나드는 공동연구를 지향하는 연구팀의 목표에 걸맞게 언론정보학·사회학·정보학·디자인·엔지니어링·여성학·문화인류학·영화학·문학 등 상이한 전공과 학문적 기반, 다양한 국적을 가진 저자의 글이 포함되었다. 책은 1부 "파르마콘의 커뮤니티: 적대와 연대의 길항", 2부 "젠더화된 테크네의 신체들: 독자, 관객, 노동자", 3부 "정보와 '감염(바이럴)'을 둘러싼 배제와 저항의 실천들: 전파매개적 신체성과 기술사의 재

---

[1] 동아대학교 젠더·어펙트연구소의 〈연결신체 이론과 젠더·어펙트 연구〉 사업팀은 소수자 연구와 어펙트(정동) 연구를 결합하는 새로운 학문 연구의 경향을 이어 한국문학, 사회복지학, 미디어 연구, 사회학, 인류학, 역사학 등 다양한 분과학문 간의 공동 연구를 통해 새로운 분과학문의 모델을 탐색하는 작업을 지속하고 있다. 이 책은 이 사업팀의 다섯 번째 총서로 기획되었다.

구성"으로 구성되어 있다.

　이 책은 우선 기술 자본주의 시대에 우리의 일상과 존재의 큰 몫을 점유하고 있음에도, 학술적이거나 문화정치적 접근이 용이치 않은 "온라인 문화"를 젠더적 정동장으로 읽는 콜로키움 작업의 연장선에서 발간되었다. 이에 게임산업에서의 불링행위와 젠더폭력, 오정보에 대한 팬덤 문화의 대응 양상, 여성 취향 장르로서의 로맨스 판타지 웹소설, 페미니스트 인공지능의 전망, 케이팝 팬덤의 행동주의 등 대중문화 및 문화산업에 있어서 작품·담론·정동·행위의 문화정치적 지형도가 그려진다. 또 전 지구적 기술 미디어장에 대한 성찰을 담은 연구를 함께 수록하면서 담론·텍스트·제도·정책과 행위자성에 가로놓인 동시대의 문화정치를 풍부하게 복원해낸다. 인도 청년의 한국문화 수용 사례 분석, 넷플릭스와 영국의 공공 영화정책과 영화다양성 정책, 플랫폼·기술·예술·노동의 층위에서 살피는 젠더화된 게임기술의 위계 등이 그 내용이다. 미국의 농인에이즈 운동에서 실재했던 돌봄 실천과 중국의 젠더화된 팬데믹의 양상을 살핀 글은 활동가와 연구자의 신체 그리고 작업의 물성을 성찰하게 한다.

　즉 이 책은 연구의 대상과 방법론적인 차원에서 뉴미디어 환경의 연구자들에게 도전적인 시각을 제시한다. 우선 대중문화 장르와 현상, 뉴미디어 담론 공간, 플랫폼 노동자의 신체, 기술 미디어장의 권력관계 등 기존의 제한적 문학 및 예술의 개념으로 포획되지 않았던 문화의 저변을 연구의 대상으로 한다. 또 다양한 국가의 사례를 통해 역사적·지역적 맥락을 부각하면서도 기술 미디어의 작동 방식과 행위자성을 관통하는 문제의 공통성을 환기함으로써 동시대 자본과 권력 구조에 대한 실천적인 대응의 필요성을 제시한다.

응원봉 광장과 함께 극우 유튜버·에코 챔버·편향성을 직면하며 2024/25년 광장의 시간을 경유하고 있는 현재, 2024년 11월 발간된 『젠더스피어의 정동지리』의 의미는 더욱 특별하게 읽힌다. 우리는 팬덤이 "문화 정치를 넘어 시민적 행동주의의 발판"(이지행, 315면)이 된 현실을 목도하고 있다. 한국 사회는 현재 온라인 커뮤니티에서 이전과는 다른 차원으로 참여·결집·행동의 방식을 보여준 팬덤문화의 정치적 창발성의 발현 가능성과 함께 배제·혐오·차별의 극단화를 동시적으로 경험하고 있다. 또 "어떤 종류의 미디어라도 몇 초 안에 국경을 넘어 도달할 수 있는 미디어 환경"(프리야 고하드·네하 가트판데, 76면)에서 기존 제국의 경계를 반성하며 자발성과 공공적 가치 지향을 재발견하는 팬덤이 형성되기도 하지만, 전쟁과 국제 정치의 위기, 민주주의의 퇴행, 국경주의의 강화를 실시간으로 목도하면서도 무감해지는 혹은 무기력해지는 정동을 겪고도 있다. 순수한 작품성에 근간한 문화와 예술이 아니라 우리가 사는 현실의 산업적이고도 미디어적 현실과 긴밀하게 연관된 면면을 파헤치는 글들의 옷자락을 잡고, 좁지만 새로운 길을 함께 만들어갈 시간이다.

젠더스피어라는 개념

앞서 살폈듯『젠더 스피어의 정동지리』는 기술 미디어를 기반으로 온라인 커뮤니티에서 적대와 연대가 길항하는 사례를 살핀 1부와 독자·관객·노동자라는 행위자성의 동시대적 특징을 확인할 수 있는 2부, 배제의 역학을 비판하며 대응하고 새어 흐르며 만들어질 수 있는 대항적 실천을 조망한 3부의 내용으로 구성되어 있다.

책에 대한 이해를 돕기 위해 '젠더스피어'라는 중심 개념에 입각해서 전반의 내용을 재배치해 조망할 필요가 있다. 젠더와 연동된 기술미디어장의 담론과 정동을 '젠더스피어'라 볼 때, 각 글은 '젠더'라는 개념의 망에서 어떻게 위치 지어지는가. 젠더를 겹쳐 보았을 때, 저자와 그들이 다루고 있는 연구 대상 및 연구 방법의 다양성만큼이나 젠더 개념이 여러 모양으로 그 의미에 적용된다. 캐서린 R.스팀슨, 길버트 허트가『젠더 스터디』[2] 서문에서 밝혔듯이, 젠더 연구를 예

---

2   캐서린 R.스팀슨, 길버트 허트 엮음, 김보명 외 역,『젠더 스터디: 주요

리하게 하기 어려운 이유는 젠더가 '용어·범주'이자 성차에 기반한 역사적으로 가변적인 '사회조직'이면서 '은유'로도 기능하기 때문이다. 헛된 보편주의와 지나친 일반화를 경계하며 넓게 합의된 것은 젠더가 생물학적 범주들에 대한 우리의 믿음에 영향을 미치는 '사회적 구성물'이라는 것이며, 넓게는 권력과 정치에 대한 은유로도 활용된다는 것이다.[3]

　책이 의도한 '젠더스피어'를 젠더와 연동된 담론과 정동의 차원으로 보았을 때, 우선 책의 내용을 두 부분으로 나눌 수 있다. 성차의 사회적·성적 관계들 및 이 관계들 내부에서 각 성에 속한 이들에게 부여되는 자리의 위계와 권력관계를 성찰하는 것과 관련한 글로 안상원, 김수아, 자오 멍양의 글을 함께 놓고 읽을 수 있다. 안상원은 역사대체물과 아이돌물 등 웹소설의 로맨스 판타지 장르에서 페미니즘적 목소리와 남성주의적 시각이 양가적인 방식으로 드러나는 것을 살폈다. 김수아와 자오 멍양의 연구는 게임산업과 관련하여 한국과 중국의 각 사례로 배치되었다. 김수아는 최근 한국 게임의 불링행위의 근간이 된 게임 커뮤니티의 정동적 역학 및 여성노동자의 해고 문제를 다루고, 자오 멍양은 "게임산업의 모든 과정에 이성애적 규범과 성차별이 내재"한다는 것

　　　　『개념과 쟁점』, 후마니타스, 2024.
3　캐서린 R.스팀슨, 길버트 허트 엮음, 위의 책, 15~16면.

에 집중하여 여성 게임노동자에게 젠더 규범이 요구되는 한편 그녀들의 게임 능력은 평가절하되는 현실을 조망한다. 기존의 규범적 젠더상이 변화한 미디어 환경으로 전이되는 형태도 놀랍지만, 남성성의 좌절이 왜곡적으로 지각된 효능감으로 가시화되는 한편 "메갈 색출 유희화", "사상 검증"뿐 아니라 생계 위협으로 새롭게 주조된다는 점이 섬뜩하다. 이 글들은 여성 서사의 몫과 여성의 사회적 지위에 대한 논의가 여전히 계속되어야 함을 강조하는 한편, 변화한 산업 구조와 기술 미디어장 내에서는 기존의 반동에 추가되거나 변형·증폭된 억압의 기제가 존재할 수 있다는 것을 여실히 보여준다.

위의 세 편이 대중적 문화산업으로서 웹소설과 게임산업을 대상으로 삼았다면 자오 펑 첸지와 이지은·임소연은 각각 코로나 팬데믹기 중국 페미니스트 활동과 페미니스트 인공지능의 전망을 연구의 대상으로 한다. 코로나 팬데믹 당시 중국의 상황을 개인·정부·여성운동·미디어의 온라인 상호작용으로 분석한 자오 펑 첸지는 "페미니스트 온라인 에스노그라피"를 연구의 방법으로 삼는다. 이 글은 남성성·전쟁·공포·외국인 혐오에 근간한 정부의 코로나 대응과 돌봄·윤리·보호·협업·사랑으로 가시화된 중국 페미니스트운동의 움직임을 조명하고 검열에 오염되지 않은 집단 기억의 중요성을 강조한다. 이지은·임소연은 인공지능의 편향성과 신뢰성 문제에 초점화된 기술적 해결의 논점을 비판적으로 성찰하고, 페미니스트 과학기술학의 논의를 참조하여 "'위치지어진(situated) 주체'로서의 개발자"의 전망을 제시한다. 이 두 편의 글에서 특히 "에스노그라피 연구자의 취약성", 추상화된 연대의 개념이 아닌 다른 위치성을 잠재된 역량으로 전환하는 페미니스트 인공지능 기술자의 신체, 알고리즘 정의동맹을 강조한 점이 인상적이다. 페미니즘적 관점이 무균실에 밀폐된 연구자/연구가 아닌 동시대적인 연구 관점 및 방법론의 갱신·실천과 맞닿아야 한다는 전망을 보여주었기 때문이다.

사회적 구성물로서의 젠더가 생물학적 성별을 구획하고 차별을 만들어내는 역학으로 작용하는 과정을 살필 수 있는 위의 글들과 함께, 이 책에는 권력과 정치에 대한 은유로서 다양한 권력과 문화가 상호구성하는 것을 살피는 젠더적 성찰에 입각한 글이 실려 있다. 팬덤 문화에 대한 암묵적인 인식론적 권력관계에 도전하는 글은 팬덤 문화가 소비자주의나 소비사회의 역학에서 벗어날 수 없다는 오해나, '덕질'은 정치적인 힘을 발휘할 수 없다는 편견을 초과해 있음을 입증한다. 또 영화정책 및 제도, 에이즈운동의 사례를 다룬 두 편의 글은 공고화된 제도적 권위나 통상적인 미디어 실천이 어떻게 대안적이고 대항적인 사례로 돌기하여 미래를 예비

할 수 있는지 보여준다.

먼저 팬덤 연구의 차원에서 함께 읽을 수 있는 세 편의 글이 있다. 팬덤과 온라인 공간 및 주류 미디어에서 확산될 수 있는 '오정보'를 팬덤의 행위자들이 어떻게 대응해 왔는지를 밝힌 이진하,[4] 팬덤이 시민행동주의로 전환될 수 있는 잠재력을 BTS팬덤의 사례와 이론적 토대를 통해 의미화한 이지행, 인도 청년이 소셜미디어와 인터넷을 통해 아시아의 언어와 문화 향유를 선호하며 대안적 지식과 경험을 구축함을 밝힌 프리야 고하드·네하 가트판데의 글이 있다. 특히 팬덤 문화의 문화정치가 소셜미디어를 기반으로 어떻게 상호학습과 돌봄, 자기보호, 회복력을 재고하기 위한 수동적/능동력 전략으로 외화하는지를 따라갈 수 있어 의미 깊다. 즉 팬덤 문화는 소비자주의의 위험을 안고 있음에도 불구하고 미디어와 행위자성, 주체화의 순간들을 만들어내며 미래적인 정치적 역량을 실험해 왔다. 또 세 편의 글을 비교해서 읽으면 팬덤문화와 공동체의 정치가 환원적으로 이해되는 것이 아니라 각 정세에 대한 대처와 '아시아적 정체성'과 같이 서로 다른 시공간에서 각기 다른 유형으로 외화됨을 확인할 수 있다.

---

[4] 이 글은 이진하 외 3명(니콜 산테로·아르피타 바타차리아·엠마 메이·엠마 S.스피로)의 공동연구이다.

조혜영과 카잇 맥킨니·딜런 멀빈의 글은 소수자운동과 장애정의운동의 실천이 제도 및 미디어와 맞물리면서 만들어 낸, 그리고 '앞으로' 만들어야 할 다채로운 미디어 실천의 무늬들을 적시한다. 조혜영은 신자유주의 통치하의 가성비 문화, 개인의 기업화와 한국 영화 산업의 독과점 방식을 지적하면서 다양성 영화정책의 필요성을 스웨덴과 영국영화정책을 통해 강조한다. 소수자 배려 정책 또는 문화 상대주의에 근간하여 오히려 소수자들끼리의 게토 형성과 차별로 귀결되었던 다양성 정책이 아닌 보다 전위적으로 포용·공정·평등·접근가능성을 연계한 문화 다양성 개념이 필요하다. 카잇 맥킨니·딜런 멀빈은 1980년대 후반 미국 샌프란시스코 농문화 아카이브 연구를 통해 돌봄 제공과 정보재매개를 위해 미디어를 활용하고 섬세하게 기록을 남겼던 순간을 분석한다. 이 글에서 "신중하고 사려깊은 아카이빙"(302면), "에이즈 활동가들은 자신이 만드는 것의 가치를 긍정하며, 미래의 다른 사람들이 펼쳐갈 정의로운 활동에 이 작업물들이 활용되는 장면을 상상했다."(303면)와 같은 구절은 아카이브의 진귀함과 철두철미함, 그리고 현실에 토대를 두되 미래와 대화하는 사회정의운동의 발걸음을 생생하게 드러냈다.

"내구성 있고 폭넓은 직관"을 조형하기

지금까지 살펴보았듯이 이 책의 문제의식은 웹소설, 영화, 케이팝, 게임 등의 문화/산업에서 텍스트의 내적 구조, 제도와 정책의 동향, 노동과 대항적 실천에서부터 에이즈농인과 팬데믹 통치라는 삶의 방식과 통치성과 관련한 문화적 현상에 이르기까지 방대하다. 우리는 이 책을 통해 신자유주의 통치성과 결부된 기술 미디어장이라는 현실이 만들어내는 폭력성과 정동에 대한 비판적 분석, 미디어장을 영리하게 활용하며 현실을 뚫고 나갔던 대안적이고 대항적인 역동을 곳곳에서 마주치며 현실에 대한 첨예한 접근법을 얻을 수 있다.

비명 지르는 사람과 추락하는 사람은 언제나 있다. 즉, 우리가 그들을 직접 목격하는 일은 별로 없지만 화면 바깥에 그들이 있다. 하지만 그들 또한 주인공이다. 불안정하고 부서진 일상 안에서 살아가는 사람들, 그런 일상을 중심으로 새로운 신경계를 구축하는 사람들. 그들의 새로운 신경계는 더 이상 폐제에 기반을 두지 않고, 각자의 위태성으로부터 뭔가를 학습한다는 낙관 속에서 구축된다. 사람들은 그들이 계속 살아가는 역사적 순간의 미결 과제를 인지해, 새로운 직관, 일상성의 습관, 정동 관리의 여러 장르를 위해 세계를 전개한다. 역사적 순간 속에서 사람들은 개인성이라는 습관의 리듬을 타지만 그것은 결코 하나의 형상으로 자리 잡을 수 없다. 습관은 일종의 직관주의적 정치, 관습을 거부한 계보가 계속 이어질 수 있다는 유혹을 거부하는 정치까지도 상상한다. 트라우마는 트라우마의 주체를 그저 옴짝달싹 못하는 상태에 가두는 것이 아니라 위기 양상으로 밀어 넣고, 그 속에서 주체들은 내구성 있고 폭넓은 직관을 계발한다.[5]

서평을 마무리하면서 로랜 벌랜트가 "내구성 있는 폭넓은 직관"을 언급하며 신자유주의 문화 정치의 위기에 대응/대항하는 논리가 이전의 거대 담론에 대한 저항과는 다른 방식으로 전개될 것이라고 강조한 책의 한 부분을 인용해 본다. 또 책의 질문으로 돌아가 본다. "정동의 장인 기술 미디어는 우리의 일상과 존재를 어떤 방식으로 바꾸어 놓고 있는가." 이 책은 변화한 미디어 환경, 온라인 커뮤니티와 SNS 같은 새로운 커뮤니케이션의 방식들이 우리의 일상을 어떻게 바꾸어 놓았는지에 대한 다채로운 답변이자 이 미디어 변화의 저변으로서 기술 자본주의에 대항하는 실천들이 어떻게 가능했는지에 대한 답이다. 글로벌 자본주의의 정언명령에 틈을 내는 문화실천에 대한 완연한 낙관은 힘들다. 하지만 이 책이 기대고 있는 "우리가 알고 있는 지역의 젠더

---

5 로랜 벌랜트, 『잔인한 낙관』, 후마니타스, 2024, 176면.

구조들이 과거에나 미래에나 우리가 알 수 있는 전부라고 여기는 가정"을 폐기한 수행적인 것으로서 생성되는 젠더 개념의 가능성을 다시 새길 필요가 있겠다.[6] 이 책에 담긴 연구들이 현실·이론·실천 사이의 경계를 횡단하는 연구 방법론과 효과를 의도하고 있음도 연장선상에서 이해 가능하다.

어제의 광장이 오늘의 광장과 동질한 것이 될 수 없듯 어제의 비판과 실천이 오늘의 것으로 환원될 수는 없다. 『젠더스피어의 정동지리』에서 던진 질문이 기술 미디어장의 현실 속에서 엄연히 실재하는 반동적 정동이나 폭력적 정동을 첨예하게 문제화하고, 회복적 정동이나 사랑으로 향하는 정동을 지속적으로 의미화하는 연구 실천으로 이어지는 자리를 기대해본다.

---

6   캐서린 R.스팀슨, 길버트 허트 엮음, 앞의 책, 29면.

박상은
한국 현대문학/문화 연구자. 아래로부터의 역동과 민중주의, 현장성이 교차하며 만들어낸 문화적 흔적에 사로잡혀 한국의 1970, 80년대 문화운동 및 마당극 운동에 대한 글을 썼다. 한국 현대 연극사 및 영화사를 각색, 매체, 문화연구의 관점에서 연구한다. 또 과거와 현재의 문화운동을 연결짓고 의미화하는 작업을 하고 있다. 실패하면서도 지속되는 것들, "부서진 채로 아름다운(brokenbeautiful)" 삶의 전망을 사랑한다.

레임덕 파행 절름발이 — 말이 아직 말이 아닌 굴레

『푸른배달말집』, 한실과 푸른누리 지음, 안그라픽스, 2024

최종규

ㄱ

지난 2024년 10월 1일에 『푸른배달말집』(한실, 푸른누리 지음, 안그라픽스, 1559쪽)이 나왔습니다. 여섯 해에 걸쳐 흘린 땀방울을 그러모은 낱말책입니다. 우리나라에서 여태 나온 다른 낱말책은 그저 낱말만 더 많이 실으면 된다고 여기는 얼거리였습니다. 이 때문에 우리가 쓸 일이 없거나 아예 안 쓰는 중국말과 일본말과 영어와 독일말뿐 아니라, 다른 여러 나라 사람이름과 마을이름까지 뜬금없이 잔뜩 실었어요. 국립국어원에서 내놓은 낱말책을 보면, 노르웨이사람, 오스트리아사람, 헝가리사람, 터키사람 …… 이름도 줄줄이 실었습니다.

낱말책이란, 낱말을 모은 꾸러미입니다. 우리가 듣거나 마주할 만한 낱말을 차곡차곡 담기에 낱말책이라 하되, 아무 낱말이나 다 싣지는 않습니다. 이를테면, 낱말책은 '낱말책'일 뿐, '이름책(인명사전)'이 아니기에 사람이름이건 마을이름이건 굳이 실을 까닭이 없습니다. 낱말책은 '풀책(식물도감)'이 아니라서 풀이름을 굳이 담을 까닭이 없습니다. 다만, 낱말책은 풀이름이나 나무이름이나 벌레이름을 이따금 담아낼 만합니다. 어느 풀이나 나무나 벌레를 둘러싼 삶·살림·사랑·숲을 익히는 길에 이바지한다고 여기면 넉넉히 담습니다. 또한 '나비·나무·벌레' 같은 낱말이 어떤 뿌리요 결인지 차분히 짚으면서 다룰 줄 알아야 하지요.

『푸른배달말집』이라는 꾸러미가 나오는 길에 여러모로 거들기도 했고, '푸른배달말집'이란 이름을 지어 주기도 했습니다. 이 꾸러미에 실린 적잖은 '새말'은 제가 지난 서른몇 해에 걸쳐서 지은 낱말이기도 합니다.

쉼숲 : 쉬기 좋게 꾸민 숲. 또는 쉬기 좋은 저절숲 ← 휴양림

다만 여러모로 아쉽기도 합니다. 저는 '쉼숲·쉬는숲'이라는 낱말을 짓기는 했습니다만, 낱말뜻을 허술하게 붙이고 싶지 않아요. 저라면 '쉼숲'을 "쉼숲(쉬다 + -ㅁ + 숲) : 몸과 마음을 느긋하거나 가만히 두면서 넉넉히 푸른숨을 맞아들이며 달래거나 풀어내는 숲. 마을에 조그맣게 꾸릴 수 있고,

아름드리로 우거진 숲을 품을 수 있다.(= 쉬는숲. ← 휴양림, 수목원)"처럼 다룹니다.

낱말을 새로 지을 적에는, 어느 낱말 하나를 훌륭하게 삼거나 아끼자는 뜻이 아닙니다. 낱말을 하나 새로 지으면서, 이 새말을 바탕으로 온갖 새말이 태어나는 밑동을 알리는 셈입니다.

제가 '쉼숲 · 쉬는숲'이라는 새말을 지을 적에는, '쉼몫 · 쉼삯(← 실업급여, 주휴수당)'이라는 낱말이 나란히 있으며, '쉼이레 · 쉬는이레(← 주말)' 같은 낱말이 나란히 있어요. '쉼칸(← 화장실, 변소, 해우소, 측간)'이라든지 '쉼땅(← 휴경지, 휴한지, 정원, 휴양지, 공원, 아지트, 비밀공간, 은거지, 은신처, 밀실, 게토, 대피소, 피난소, 도피처)'에다가 '쉼고을 · 쉼고장 · 쉼마을(← 휴양지, 휴가지)'하고 '쉼날 · 쉬는날(← 휴일, 휴무일, 휴식일, 휴업일, 휴양일, 휴관일, 공휴일, 정기휴일, 안식일, 피정, 주말, 바캉스, 일요일, 주일)' 같은 낱말도 나란합니다.

'쉬다'라는 쉬운 낱말 하나를 어떻게 살려쓰면서 생각을 밝힐 만한가 하고 들려주는 꾸러미이기에 알뜰살뜰 누릴 낱말책이라고 할 수 있습니다. 낱말책이란, 낱말을 모으는 구실이 첫째에, 낱말을 누구나 스스로 엮고 짓고 펼쳐서 생각을 담는 길을 밝히고 알려주는 구실이 둘째입니다. 여기에, 낱말이 태어나고 자라고 살아가는 길을 수수께끼를 풀듯 이야기로 들려주는 구실이 셋째입니다. 이러면서, 낱말 하나를 둘러싼 기나긴 삶과 살림과 사랑과 숲을 모든 아이어른이 어질면서 환하게 돌아보도록 속삭이는 구실이 넷째입니다.

쉬다 1 : 먹거리가 싱싱함을 잃어 맛이 시큼하게 되다
쉬다 2 : 목소리가 거칠고 흐리다
쉬다 3 : 고단함을 풀거나 몸을 고요히 하다

『푸른배달말집』은 '쉬다 1·2·3'을 단출히 다룹니다. 그러나 이 쉬운 세 가지 '쉬다'라는 낱말을 너무 단출히 다루었다고 느껴요. 이런 얼거리는 국립국어원을 비롯한 다른 낱말책도 좀 비슷합니다. 우리가 늘 쓰거나 자주 쓰거나 으레 쓰는 낱말일수록 오히려 너무 가볍거나 짧게 다루고서 지나가고 말더군요.

저라면 '쉬다'라는 낱말을 이렇게 다룹니다. "쉬다 ㄱ : 1. 일이며 놀이를 내려놓고서 몸을 가만히 두거나 있다. 바쁘거나 서두르거나 어렵게 하지 않으면서 알맞게 가려고 몸에서 힘을 빼고서 가만히 두거나 있다. 어렵지도 힘들지도 지치지도 않으려고 숨을 느긋이 마시면서 찬찬히 돌보면서 하거나 있다. 2. 더 움직이지 않거나, 더 일을 하지 않다. 몸짓이나 일을 멈추거나 그치다. 3. 몸에서 힘을 모두 빼고서 잠이 들다. 4. 어느 곳에 나가지 않다. 꾸준히 드나들거나 나가는 곳에 안 나가다. 5. 어느 일을 하거나 어느 길을 가다가, 살짝·

한동안·조금·몇날 그대로 있다. 6. 어느 일을 하다가, 퍽 오래 하지 않거나, 아예 그만하다."에다가, "쉬다 ㄴ : 제때에 먹지 않고서 그대로 두는 바람에 빛과 숨을 잃다. 맛이 가다. 싱그럽고 싱싱하게 살던 빛과 숨결이 사라지다. 시들시들하다. 먹을 수 없을 만큼 바뀌다. 맛이 시거나 시큼하다."에다가 "쉬다 ㄷ : 목을 너무 많이 쓰거나, 목을 따뜻하거나 느긋이 돌보지 않았기에, 목소리를 부드럽거나 또렷하게 낼 수 없다. 목으로 내는 말소리가 맛이 가다. 거칠거나 꺼끌꺼끌하거나 쇳소리에 가까운 목소리로 바뀌다."에다가 "쉬다 ㄹ : 숨·바람을 마시고서 내보내다."처럼 다루어야 제대로 된 낱말책 구실이라고 느낍니다.

저처럼 낱말책을 여미고 엮고 쓰고 추스르자면, 열 해는 커녕 스무 해나 서른 해를 지내도 낱말책을 선뜻 내놓기 어려울 수 있습니다. 마땅한 일인데, 어느 나라에서도 낱말책을 뚝딱 내놓지 않았습니다.

ㄴ

낱말책은 모름지기 나라에서 이바지돈을 대어야 비로소 제대로 나올 수 있습니다. 왜 그럴까요? 한두 해나 대여섯 해나 열스물 해나 쉰 해로는 어림도 없거든요. 무엇보다도 밑말(기본어휘)부터 제대로 다루어야, 이 밑말을 바탕으로 모

든 다른 말을 차근차근 풀어낼 수 있습니다. (저는 아직 나랏돈을 받은 적이 없습니다만)

'쉼숲'을 비롯해서 '쉼날·쉼묧·쉼칸·쉼이레'라든지 '쉼뜰·쉼뜨락·쉼밭' 같은 낱말로 뻗으려면 먼저 '쉬다'가 어떤 결이면서 뜻인지 차곡차곡 풀고 맺을 노릇입니다. 온누리 모든 나라에서 낱말책을 여미려고 200해나 500해를 쓴 까닭을 살펴야 합니다. 200해나 500해를 쓰고도 꾸준히 가다듬고 손보고 추스르지요.

우리가 어떤 글(문학활동)을 쓰든, 글이란 말을 담아낸 무늬인 터라, 말부터 말답게 다루지 않는다면, 글꽃이 피지 않습니다. 말이 있기에 글이 있는 만큼, 글살림을 북돋우려면 말살림을 제대로 가꿀 일입니다. 낱말책이란, 우리 나름대로 먼먼 옛날부터 일구고 가꾸면서 나눈 열매를 그러모은 꾸러미여야 합니다. 그래서 처음에는 '모든 낱말'이 아닌 '1000~2000' 즈음을 담은 작은꾸러미를 선보여요. 이러고서 '3000~5000' 즈음을 담은, 조금은 도톰한 꾸러미를 선보이지요. 이런 잔걸음으로 꾸준히 나아갈 적에 밑말부터 든든한 낱말책이 자리잡습니다.

다시 말하자면, 우리나라는 "1000낱말 작은꾸러미"라든지 "500낱말 더 작은꾸러미"부터 길을 나서지 않는 바람에 아무래도 뒤엉키고 뒤죽박죽이라고 할 만합니다. 그래도 요즈음은 작은꾸러미가 제법 나오는데, 제법 나오더라도 섣불리 나오곤 합니다. 말이 어디에서 어떻게 태어났는지 안 살피거나 못 헤아린 채 쏟아지는 작은꾸러미가 지나치게 많습니다.

ㄷ

서울(도시)은 시골이 있어야 살림을 잇습니다. 서울에는 논밭이나 숲을 안 두게 마련이라서, 더구나 서울에는 냇물이나 샘물이 맑게 흐르지 않아서, 서울사람은 모든 먹을거리와 입을거리와 살림거리를 시골과 들숲바다에서 얻어야 하는 얼개입니다.

오늘날 우리나라 서울은 모두(정치·경제·사회·문화·예술) 모인 곳이라 여기되, 막상 우리 밥옷집을 이루는 밑살림은 하나조차 없습니다. 들숲바다도 없는 서울입니다. 그러나 우리가 쓰는 모든 말은 바로 시골과 들숲바다에서 비롯했습니다. 시골과 들숲바다에서 태어난 말을 가꾸고 가다듬고 갈고닦으면서 '글'이 깨어났고, 이 '글'이란 '말을 이루는 시골과 들숲바다 살림살이'를 고스란히 품게 마련입니다.

글을 글답게 쓰려면 말을 말답게 익힐 노릇인데, 말을 말답게 익히려면 먼저 시골과 들숲바다를 시골과 들숲바다 그대로 마주하고 받아들여서 배울 노릇입니다. 이를테면, '바람'과 '해'와 '비'가 무엇인지 모르는 채 글을 쓴다면, 바람도 해도 비도 엉성하거나 엉터리로 얹게 마련이에요. "햇살이 따뜻하다"라든지 "햇빛이 따갑다"는 틀린 말씨입니다. 햇살은 화살과 같아서 "햇살이 따갑다"라 해야 맞고, 햇빛은 빛깔을 펴는 바탕이라서 "햇빛이 밝다(맑다 · 환하다)"라 해야 맞고, "햇볕이 따뜻하다"라 해야 맞습니다.

글만 쳐다볼 적에는 이런 작은살림조차 잘못 쓰면서 잘못 쓰는 줄 못 깨닫고 못 배웁니다.

ㄹ

우리는 '무늬만 글'을 쓰거나 '무늬만 말'을 하는 셈일 수 있습니다. 아무래도 '무늬만 삶'이거나 '무늬만 살림'인 터이니, '빛나는 글'이나 '눈부신 말'이나 '즐거운 삶'이나 '사랑스러운 살림'을 영 모른다고 할 만합니다.

'레임덕 · 파행 · 절름발이'라는 낱말 셋을 들어 보겠습니다. 굳이 어떤 뿌리인지 안 밝히고서 한글로만 먼저 적어 보았습니다. 'lame duck · 跛行 · 절름발이'입니다. 영어와 한자말과 우리말입니다. 셋은 그냥 '같은말(동의어)'입니다. 다만, 나라와 겨레마다 다르게 말을 할 뿐이기에, 어느 쪽이 옳거나 바른 낱말이지 않습니다.

우리는 우리말 '절름발이'라는 낱말을 쓰면 마치 따돌림말(차별어)로 삼기 일쑤인데, 한자말 '파행'이나 영어 '레임덕'은 따돌림말로 안 삼더군요. 우리는 왜 우리말을 따돌리려고 하는지 곱씹을 노릇입니다. 모든 낱말은 그저 우리 삶 한켠을 담을 뿐입니다. '절름발이'라는 수수한 낱말은 '따돌림말'일 수 없어요. '비국민·비장애·비폭력'이 '따돌림말'이라고 할 만합니다.

옆나라 일본은 그들 나라부터 억누르고 이웃나라로 쳐들어가면서 '비국민'이라는 뜬금없는 따돌림말을 지었습니다. 총칼을 앞세운 일본을 따르지 않으면 "넌 우리나라 사람이 아냐!" 하면서 따돌리려는 뜻을 담은 '비국민'이고, 이 말이 불거지면서 갖가지 '비(非)-'붙이 따돌림말이 생겼습니다. '비(非)-'를 붙일 적에는, 너는 왜 우리 무리에 안 끼느냐고 나무라고 윽박지르고 짓밟던 군국주의 군홧발을 그대로 담습니다.

그렇기 때문에 아무리 뜻은 좋더라도 '비장애·비폭력' 같은 말을 섣불리 쓸 수 없습니다. 어깨동무로 나아가려는 길이라면, 이쪽이건 저쪽이건 담을 허무는 길이어야 하거든요.

우리나라에서는 말이 아직 말이 아닌 굴레입니다. 말답게 말을 하거나, 글답게 글을 쓰기보다는, 겉모습에 얽매이고 치레를 지나치게 합니다. 모든 사람은 다르게 마련이라, 치마를 두르건 바지를 꿰건 그저 '옷'입니다. 요즈음은 "자리에 맞게 입어야 한다"고 밀어붙이는데, "자리에 맞지 않다"고 여기거나 나무라는 말씨가 바로 '비국민'이라고 을러대면서 괴롭히던 군국주의 일본 모습 그대로인 줄 알아볼 오늘날로 나아갈 수 있기를 바라요. 구두를 신고서 모내기를 하건, 한겨울에 깡동바지 차림으로 걸어다니건, 스스로 즐기는 차림새일 뿐입니다. 이러한 겉모습이 아닌, "삶을 담은 마음을 옮긴 말을 그린 글"을 찬찬히 짚고 생각을 기울이는 길을 생각해 볼 노릇이지 싶습니다.

ㅁ

또다른 세 낱말을 들겠습니다. '트라우마(trauma) · 상처(傷處) · 흉'입니다. 영어와 한자말과 우리말입니다. 요새 '흉'이란 우리말을 쓰는 분을 보기가 쉽지 않더군요. 잊히는 낱말 가운데 하나입니다.

영어 '트라우마'이든 한자말 '상처'이든, 그저 우리 마음에 생긴 '흉 · 흉터'나 '멍 · 멍울'을 가리킵니다. 우리는 '마음흉'이나 '속흉'처럼 새말을 여미어서 새롭게 나타내는 길을 열 수 있습니다. 그저 수수하게 '흉 · 흉터'나 '멍 · 멍울'이라 하는 결을 돌아볼 수 있습니다.

이제는 씻고 털 자리라고 여긴다면 수수한 말씨가 낫습니다. 좀처럼 마음이며 속내를 사랑하기 어렵다는 이웃한테는 '마음흉 · 속흉'처럼 따로 '마음-'이며 '속-'을 붙이는 말씨가 어울릴 만하겠구나 싶습니다.

더 헤아린다면, 우리 마음과 속에 깃든 멍과 흉을 달래는 일이라면 "트라우마 치유센터"처럼 엉성한 영어를 "마음멍 씻음터"처럼 풀기보다는 "마음쉼터"나 "포근터"처럼 아주 단출히 이름을 붙일 만하다고 느껴요. 마음을 달래고 다스리고 씻을 적에는 굳이 '멍·흉' 같은 낱말을 일터나 일에 더 붙여야 하지 않거든요.

'국어(國語)'는 '나라말'이 아니라 '일본말'을 가리키는 이름인 줄 못 느끼는 분이 대단히 많습니다. '국민학교'라는 이름을 왜 '초등학교'로 바꾸었는지 모르는 분도 숱하더군요. 총칼을 앞세운 군국주의 일본 우두머리가 여러 나라를 짓뭉개면서 쓰던 '국민·국가·국어'입니다. 우리는 이 가운데 '국민' 하나는 '국민학교' 이름에서 겨우 벗겼습니다. 그렇지만 아직도 '국민'이라는 일본말은 버젓이 곳곳에 쓰이고, '국어'하고 '국가'도 못 털어냅니다.

낱말책은 낱말을 담는 꾸러미이되, 그냥그냥 낱말만 담을 수 없습니다. 낱말을 어질게 다루는 길을 들려줄 몫을 늘 생각해야 합니다. 낱말을 어른스레 돌보면서 슬기롭게 밝히는 길을 찾아서 나란히 실을 줄 알아야 합니다. 낱말책이 든든하게 태어나는 나라일 적에, 그 나라는 글(문학)도 빛납니다. 영어 낱말책이나 프랑스 낱말책이나 독일 낱말책이나 네덜란드 낱말책이나 스웨덴 낱말책을 보면 참으로 대단합니다. 일본 낱말책도 엄청나다 싶도록 대단합니다. 우리 낱말책은 아직 굼벵이조차 아닙니다. 우리 글꽃 가운데 하나가 2024년에 노벨상을 받았습니다만, 우리나라 낱말책이 얼마나 후줄그레한 민낯인지 좀 돌아봐야 싶습니다.

　더 좋은 낱말을 많이 외워서 써도 글이 빛나지 않습니다. 수수하게 살림을 짓는 손길을 고스란히 담은 말을 옮길 줄 알기에 글이 빛납니다. 두툼하지 않더라도 알뜰살뜰 살림하는 손으로 여민 '아줌마스러운 낱말책'과 '아저씨스러운 낱말책'과 '할머니스러운 낱말책'과 '할아버지스러운 낱말책'이 두런두런 태어나는 터전을 함께 보듬고 지필 수 있기를 꿈꿉니다.

최종규

숲노래(최종규). 낱말책을 쓴다. 『새로 쓰는 말밑 꾸러미 사전』, 『우리말꽃』, 『쉬운 말이 평화』, 『곁말』, 『시골에서 살림 짓는 즐거움』을 썼다.
blog.naver.com/hbooklove

제1회 <문학/사상> 신인비평상 공모 결과

응모한 원고를 검토하고 심사하였으나 당선작을 내기에
충분하지 않았습니다.
2025년도 제2회 <문학/사상> 신인비평상에 많은 응모를 기대합니다.

심사위원 구모룡 김만석

정기구독/후원 안내

정기구독

1년 구독권	3만 원
2년 구독권	5만 원
3년 구독권	7만 원
5년 구독권	10만 원
평생 구독권	50만 원
발송비	산지니 부담(해외구독 별도)

구독 안내

- 『문학/사상』은 연 2회 발간되며, 상·하반기 각각 1회 출간되어 발송됩니다.
- 2년 구독권부터 산지니 도서 1권 증정됩니다.
- 정기구독은 최신호부터 적용됩니다.

정기구독 신청방법

아래의 링크 또는 QR코드 → 구독 신청서 작성 및 제출 → 구독료 입금 → 신청 완료
구독신청 폼: https://m.site.naver.com/1kQmi

아래 계좌로 입금하신 후 전화나 이메일로 주소, 연락처를 알려주세요.

전화	051-504-7070
이메일	san5047@naver.com
부산은행	154-01-005889-7 (강수걸)

한 분의 독자를 기다립니다

오늘 아니면 담아내지 못할
전라도의 명장면과
전라도의 말씀들을 기록하는 전라도닷컴.

당신이 좋아하는 딱 한 사람에게
전라도닷컴을 권해 주세요. 선물해 주세요.
한 분의 독자들이 모이고 모여
전라도를 지키는 힘이 됩니다.
전라도닷컴엔 너무나 소중한 그 한 사람을 기다립니다.

전라도 사람·자연·문화가 있습니다   월간 전라도닷컴

구독신청   전화 062-654-9085 / 홈페이지 www.jeonlado.com
구 독 료   매달 자동이체 10,000원 / 1년 120,000원 / 2년 230,000원

어긋나는 신뢰, 무너지는 가정
몰아치는 관계의 파괴에 휘말리는 사람들

208쪽 | 17,000원

수상한 초대

이현숙 소설집

**더 물러설 곳 없는
위태로운 일상을 그리다**

어긋나는 신뢰, 무너지는 가정, 인간관계의 파괴에 휘말린 사람들의 물러설 곳 없는 위태로운 일상을 담은 단편소설 6편 수록. (…) 6편의 작품 속 주인공들은 감당할 수 없는 현실에 각자의 방식으로 맞선다. _국제신문

총 여섯 편의 단편소설은 노인 문제, 티켓다방, 다문화 가정, 사업가와 가난한 화가, 골수 이식, 동성애 등 다양한 소재를 다루고 있다. 공통점이라면 이들은 하나같이 더 물러설 곳이 없는 지점에 닿아 더 이상 참지 않고, 갚을 기회를 노리고 있는 것이다. _부산일보

이현숙
동아대학교 문예창작학과 석사 졸업
2009년 『수필과 비평』 신인상
2018년 『동리목월』 신인상
현재 부산소설가협회 회원

출판물
『문학관 산책』(공저)
『그녀들의 조선』(공저)

산지니 www.sanzinibook.com   페이스북·트위터·인스타그램 @sanzinibook

산지니 시인선 022

못 걷는
슬픔을
지날 때

신진 시집

176쪽 | 14,000원

문학활동 50년 기념 신작 시집

진정성의 경험이 사라지는 시대,
일상의 순간을 구체적인
언어로 포착하고
삶의 철학을 시인 특유의
차유의 언어로 풀어내다

시작 활동 50년, 시인은 치열하게 현실과 맞서면서 '자연과 하나 됨', '더불어 살아가는 세계'를 추구해왔다. _국제신문

시집의 절정은 장시 '혁명본색'이다. 희망하는 혁명은 현실에서 이룰 수 없지만 부단히 현실을 성찰하면서 희망을 잃지 않는 데 그 본색이 있다. _부산일보

신진

1974년 『시문학』 추천을 받고 활동. 시집 『목적 있는 풍경』, 『장난감 마을의 연가』, 『멀리뛰기』, 『강(江)』, 『녹색엽서』, 『귀가』, 『미련』, 『석기시대』. 시선집 『풍경에서 순간으로』, 『사랑시선』 등.
부산시인협회상, 시문학상, 부산시문화상, 설송문학상, 낙동강문학상, 문덕수문학상 등 수상. 현 동아대학교 한국어문학과 명예교수.

산지니 051-504-7070 www.sanzinibook.com 페이스북·트위터·인스타그램 @sanzinibook

등단 40주년 기념
정일근 고래 시집

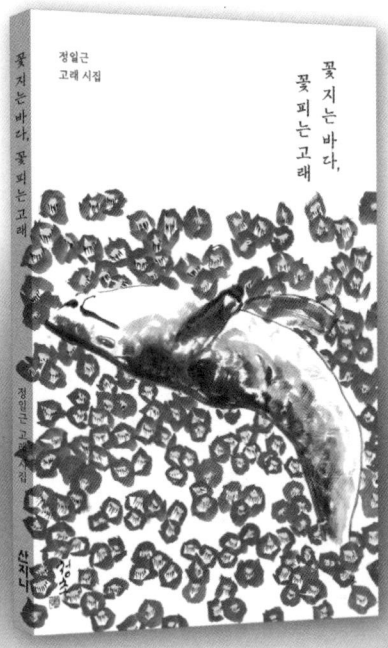

128쪽 | 14,000원

꽃 지는 바다,
꽃 피는 고래

당신의 가슴속 고래는
안녕하신가요

그가 아니면 누가 바다에 꽃이 지는 걸 보겠으며, 누가 고래가 꽃으로 피는 걸 알아채겠는가. 이미지로 세계를 재생산하는 이 맹목적인 사랑의 고투가 40년에 이르렀다니 조아리며 경하할 일이다. _안도현 시인

정일근은 고래에게서 높고 쓸쓸한 자아를 찾고, 등 푸른 야생을 본다. 우리가 사랑하고, 죽이고, 먹어온, 그 고래에게로 우리를 인도한다. 그래서 시인의 시는 우리 시대 고래들에게 희망이다. _최명애(연세대 문화인류학 교수)

정일근

경남 진해 출생. 1984년 『실천문학』(통권 5호)에 「야학일기」 등 7편의 시를 발표하고, 1985년 한국일보 신춘문예에 「유배지에서 보내는 정약용의 편지」라는 시가 당선되어 등단했다. 등단 40년 동안 『바다가 보이는 교실』, 『그리운 곳으로 돌아보라』, 『경주 남산』, 『누구도 마침표를 찍지 못한다』, 『마당으로 출근하는 시인』, 『착하게 낡은 것의 영혼』, 『기다린다는 것에 대하여』, 『방!』, 『소금 성자』, 『혀꽃의 사랑법』 등 열네 권의 시집과 시선집 『첫사랑을 덮다』, 『가족』, 육필시선집 『사과야 미안하다』 등을 펴냈다. 현재 경남대학교 석좌교수, 청년작가아카데미 원장.

산지니 051-504-7070 www.sanzinibook.com 페이스북 · 트위터 · 인스타그램 @sanzinibook

삶에서 경험하는 크고 작은 실패와 아픔에도
자신의 삶을 포기하지 않는 마음

이경숙 소설집

새장을 열다

상처와 이별,
패배에도 분투하는
보통의 삶을 그리다

224쪽 | 17,000원

2021년 〈국제신문〉 신춘문예로 등단한 이경숙 소설가의 첫 소설집. 작가의 등단작인 '얼음 창고', 가족 폭력으로부터 벗어나기 위한 약자의 연대를 담은 '새장을 열다', 아이의 죽음이라는 비극적인 사건을 경험한 부모를 그린 '우리는'을 비롯한 총 7편의 단편소설이 담겨 있다. "나의 날개는 얼마나 자란 것일까. 깃털이 성기고 엉성해서 제대로 바람을 타지 못한다. 나는 기다릴 것이다. 내 몸을 띄울 수 있는 굵고 튼튼한 깃이 다 자라기를. 나는 아직도 새장 속에 머물고 있다." ('새장을 열다' 중에서)_경남도민일보

이경숙

2019년 여름「물고기 비늘」로 한국소설 신인상을 받았다. 2021년「얼음 창고」로 국제신문 신춘문예에 당선되었다. 울산소설가협회에서 격간으로 발행하는 문예지「소설21세기」에 매년 글을 싣고 있다. 2023년 앤솔러지『울산, 소설이 되다』와 짧은 소설집『창밖의 여자, 창안의 여자』에 글을 발표했다. 현재 울산소설가협회 회원으로 활동하고 있다

산지니 www.sanzinibook.com 페이스북·트위터·인스타그램 /sanzinibook